문해력을 키우는 키우는 책육아의 힘

리터러시 교육 전문가가 말하는 독서교육 첫걸음

문해력을 키우는 책육아의 힘

권이은 지음

유아이북스

독서교육 전문가 엄마도 실패하는 책육아

'책육아'라는 말을 처음 들었을 때가 기억납니다. 저는 독서교육을 열심히 공부하는 20대 중반의 석사 과정생이었습니다. 당시 많은 부모님들 사이에 책육아라는 마법이 유행이었어요. 책을 읽어주면 모든 육아 과정을 해결(?)할 수 있는데, 실제로 그것을 자녀와 해낸 아주 대단한 사람들의 이야기가 존재한다는 사실도 알게 되었습니다. 독서교육 전공의 석사 과정생인 동시에 초등학교 교사이기도 했던 저는 '독서로 모든 것이 될 리가 있나?' 하면서도 그런 말이 유행하는 현상이 참 좋다는 생각을 했습니다. 이유나 과정이 어떻든 독서를 중요하게 생각하는 부모님 아래에서 아이가 자라면 좋은 일이라고 생각했으니까요.

그 세대의 아이들이 열심히 자라나서 지금 청소년이 되고, 대학생이 되었습니다. 그리고 저는 열심히 공부하여 독서교육으로 박

사학위를 받아 독서교육 연구를 열심히 하고 있는 40대가 되었으며, 유치원생을 키우는 엄마가 되었어요. 그렇게 시간이 흘렀지만, 여전히 책육아는 많은 엄마들에게 인기 있는 주제입니다. SNS에 '#책육아'로 검색만 해도 책육아를 실천하는 모습을 끝도 없이 볼 수 있는 정도이지요.

익히 알려진 책육아는 이미 책을 좋아하고 잘 읽는 아이를 키우는 부모에겐 사실 별로 힘들지 않아 정말 해 볼 만한 독서교육 방법입니다. 그런데 독서교육 연구자의 입장에서 책을 좋아하지 않는 아이도 무척 많다는 현상을 무시하기가 참 어렵습니다. 물론, "책을 많이 읽어 주면 아이가 책을 좋아하게 되니 열심히 하세요!"라는 말이 틀린 말은 아닙니다. 그러나 책을 좋아하게 될 때까지 엄청난 노력을 퍼부어야 하는, '허들'이 무척 높은 아이들이 존재하지요. 그리고 그때는 미처 몰랐습니다. 내 아이가 그런 아이일 줄은요.

민망한 이야기지만, 내 아이는 당연히 나를 닮아 책을 좋아하고 똑똑한 아이일 거라고 생각했습니다. 주변 사람들도 대부분 뱃속 아이가 얼마나 똑똑하겠느냐며 저에게 헛된 꿈을 심어 주었지요. 외할머니는 제가 세 돌도 안 되어 한글을 줄줄 읽었다면서, 어린 저를 업고 일부러 동네 가게에 가서 과자 이름을 읽게 하신 일 등 손녀 사랑이 가득 담긴 에피소드들을 이야기해 주셨고, 그런 이야기들은 저를 더욱 교만하게 만들었습니다. 저는 전공 책에 나온 우수한 독자가 바로 내 아이일 것이라고 믿어 의심치 않았으며, 그 믿음은 아이가 태어나고 나서도 두 돌 정도까지 유지되었습니다. 아이가 책을 좋아하는 것처럼 보였거든요.

책을 보는 것과 읽는 건 다르다?

제 아이는 잠도 잘 안 자고, 먹이기도 어려운 편에 속하던 아이라 신생아 때부터 고생을 했습니다. 아이를 가질지 말지 고민을 많이 했을 정도로, 임신 전에도 결코 육아를 가볍게 생각해 본 적이 없었던 저였지만 아이는 예상보다 더 예민하고 힘든 타입이었어요. 산후조리원 직원들과 도우미 이모님이 혀를 내두르며 아이 돌

보기가 정말 힘들다고, 아이 엄마가 고생 많이 하겠다고 말씀하실 정도였지요. 그래도 첫 아이에게 제가 공부한 것을 적용해 보고 싶었던 저는, 아이를 매일 열심히 책에 노출시켰습니다. 그에 부응하듯 아이는 혼자 집중해서 책을 보며 아주 이상적인 모습을 보여 주었어요. 다른 부분에서는 까다롭고 힘든 아이였지만, 책은 즐겁게 잘 봐 주니 그 모습이 큰 위로가 되었지요.

그렇게 아이가 두 돌이 되어갈 무렵, 이제는 다시 일을 좀 해도 되지 않을까 생각했던 저는 아이를 어린이집에 잠깐씩 맡기기 시작했습니다. 그런데 그때부터 다른 아이들과의 차이가 보이기 시작했어요. 우리 아이가 다른 아이들에 비해 눈에 띄게 느리다는 것을 알게 된 겁니다. 그때부터 조금씩 두려운 마음이 들어 육아서를 열심히 읽었어요. 그러나 그렇게 육아서를 열심히 읽고 적용해도 발달 문제는 해결되지 않았고, 결국 병원에서 아이의 발달이 전반적으로 느리다는 이야기를 듣게 되었습니다.

망연자실하던 그때, '그러면 여태까지 아이가 그렇게 책을 좋아하던 모습은 뭐였지?' 하고 돌아보게 되었습니다. 아이의 책 읽는 모습을 다시 관찰해 보니, 아이가 책을 읽는다거나 그림을 이해한다기보다 그저 심심해서 책장을 넘길 뿐이라는 사실을 알게 되었습니다. 자세히 관찰할 생각을 그전에는 왜 못했냐고요? 그게, 내 자식에게는 그런 생각이 잘 들지 않습니다. 우수하다고 착각하고 있었으니까요. 국어교육학 박사로서, 독서교육에서 정말 중요한 것이 '아동 관찰'이라고 강조하던 저도 막상 제 아이를 기르니 같은 실수를 했지요. (전문가든 아니든 어떤 부모님이라도 아이의 잘못된 책 습관을 알아채지 못했다고 해서 죄책감을 가질 필요가 전혀 없습니다.)

아이를 주의 깊게 관찰한 그때가 '우리 아이는 왜 혼자 책 보는 걸 더 좋아할까?'라는 의문이 풀리는 순간이었죠. 그 후, 저는 집에 있는 책들을 치우기 시작했습니다. 그리고 제가 공부한 모든 것들에 대해 전반적으로 회의감이 들었습니다. 책이 아이를 망치고 있었다는 생각이 들기도 했고, 나의 열심을 몰라주는 아이에게 원망스러운 마음이 들기도 했지요. 그렇게 제가 아이에게 과잉 기대를 하고 있음을 알게 되었습니다.

아이러니했던 것은 그 무렵 초등학교 교사를 그만두고 활발하게 진행했던 '부모를 위한 독서교육' 강의에서 모두 좋은 평가를 받았다는 점이었어요. 심지어 많은 엄마들이 후기로 '선생님이 알려 준 방법을 아이에게 적용하니 정말 효과가 좋다'라는 의견을 보내 주기까지 하고, 주변 엄마들에게 소문도 내 주었다는 것이었습니다. 그렇게 저의 내적 갈등은 점점 심화되어 갔지요. 수강한 부모님들, 선생님들, 연구자들이 모두 거짓말을 하는 게 아니라면 내가 공부한 게 틀린 건 아닐 텐데…. 지식에게는 배운 것을 제대로 적용하지도 못하면서 남들에게 독서교육을 하라고 권할 자격이 있는 것일까 하는 죄책감까지 들었어요.

누구에게나 독서교육은 가능하다

그렇습니다. 저는 책육아에 실패했습니다. 박사가 되도록 독서교육을 공부하고, 많은 학술 논문을 쓰고, 많은 학생들을 가르치고도 자신의 자녀 교육에는 적용하지도 못하고 책을 치워 버린 엄마가 되었지요. 아이의 독서교육을 제대로 못하고 있는 이야기를 길게 하면 너무나 자존심이 상하기 때문에, 주변에 말을 잘 꺼내지도 않았습니다. 한편으로는 어떻게든 이 상황을 해결해 보고 싶은 마음이 컸어요. 그래서 독서에 대한 다양한 배경과 기질을 가진 아이들을 위한 독서교육 방법을 찾아 연구에 몰두하게 되었지요.

그리고 스스로 이렇게 좌절을 겪고 나니, 나처럼 매일 실패를 경험할 많은 엄마·아빠들을 향한 동병상련의 마음이 싹텄습니다. '그들도 열심히 하면서도 매일 실패하고, 너무나 자연스럽게 잘해 나가는 다른 부모들의 SNS를 보며 속이 썩겠지'라는 생각에 다다랐어요. 이런 고민을 해결하기 위해 전문가라는 사람들을 만나면, "당신의 독서교육 방법이 잘못되었으니 고쳐라"라는 조언에 다시 한 번 상처받을 거라는 생각도 들었습니다. 그리고 이런 고민을 누군가 알아준다면, 누군가가 조금이라도 해결해 주려고 노력한다면 위로와 도움이 되지 않을까 하는 마음으로 이어졌지요.

그래서 이 책은 독서교육과 관련해 많은 고민을 겪고 있는 부모님들을 위한 내용을 담았습니다. 스스로 책을 읽지 않는 아이, 책만 많이 읽어 주면 자연스레 한글에 관심을 가진다는 이야기와 다르게 학교에 들어갈 때가 다 되어 가도 글 읽기에는 전혀 관심이 없는 아이, "책 읽어 줄게"라고 하면 도망가는 아이, 너무 편독이 심한 아이 등 유아부터 초등 저학년 사이의 아이를 기르는 부모님들을 위한 이야기지요. 부모가 포기하지 않으면 아주 조금씩이라도 나아갈 수 있는 독서교육 방법, 쉽지는 않지만 지치지 않고 꾸준히 할 수 있는 독서교육 방법에 대해서 이야기를 나누어 보려고 합니다. 이미 책육아가 즐거운 분들도 제가 이 책에서 제안하는 방법을 활용한다면, 아이의 문해력을 더 튼튼하게 키울 수 있을 것입니다.

제 아이는 이제 일곱 살을 바라보고 있습니다. 그리고 저는 아이의 세 돌 이후로 책육아에 매일 도전하고, 매일 실패하고 있습니다. 그런데 신기해요. 길게 보니 아이가 서서히 변화하는 것 같습니다. 사실 이 주제를 다루기까지 많이 망설였어요. 누가 봐도 "우와" 감탄할 만한, 드라마틱한 이야기는 되지 못할 테니까요. 아이가 더 나이를 먹고 나서, 좀 더 독서 능력이 향상된 뒤에 글을 써야 하는 것이 아닐까 생각도 했지만, 자꾸 시간이 지나가니 디테일한 상황 대처들을 잊어버리는 것이 문제였습니다. 그래서, 지금의 아이디어와 경험들을 세월이 지나 잊기 전에, 용기 내어 기록해 봅니다.

제대로 듣고, 말하고, 읽고, 쓸 줄 아는 사람은 어떤 자리에 서 있든 반짝반짝 빛이 납니다. 저는 아이가 자신이 원하는 곳에서 빛이

나는, 스스로 만족하는 모습이 되기를 바랍니다. 그리고 그 과정에서 독서가 대단한 역할을 해 주리라는 것을 믿어 의심치 않습니다. 수많은 연구와 더 많은 경험적 증거들이 있으니까요. 글쓰기라면 연구 논문 외에는 다 의미가 없다고 생각했던 저를, 경험과 지식을 나누는 사람으로 변화시킨 사랑하는 딸에게 감사를 전하고 싶습니다. 그리고 저와 같은 고민을 하며 이 책을 읽고 있을 독자님들이자 육아 동지들과 결코 만만치 않은 자녀 교육의 여정을 지면으로나마 함께할 수 있어 감사하고 영광입니다.

2022년 12월
권이은

차 례

1장
매일 책육아에 실패합니다
독서와 정서

2장
독해력 키우기, 어렵지 않아요
독서와 인지

3장
무엇을 읽어야 할까?
독서와 텍스트

4장
함께 읽기, 어떻게 할까?
독서교육 방법

문해력을 키우는 책육아의 힘

\ 1장 /

매일 책육아에
실패합니다

독서와 정서

ENTJ 엄마의
고뇌

모든 것이 계획대로 될 리가 없지

MBTI 성격 유형 검사를 처음 했던 건 대학 시절이었습니다. 저의 성격 유형은 그 시절 교육대학교에서 보기 힘든 유형이었던 ENTP(발명가형)였지요. 논쟁을 즐기며 새로운 세상을 꿈꾸던 저였지만, 박사 과정을 거치고 다시 검사해 보니 흔히 '엔티제'로 불리는 지도자형인 ENTJ가 나왔습니다. 타고난 기질이 P유형(인식형)과 J유형(판단형) 사이 어중간한 곳에 있었기 때문이겠지만, 논문 쓰기라는 꼼꼼한 작업에 자유롭고 덤벙거리는 저를 억지로 끼워 맞추다 보니 조금 더 J유형으로 이동한 게 아닐까 싶어요.

ENTJ 유형은 흔히 알려진 것처럼 리더형입니다. 장기적인 계획과 거시적인 비전을 선호하며 논리·분석적인 것을 선호하는 성격이에요. 그런데 육아라는 것은 장기적 계획, 거시적 비전, 논리·분석적인 것과 가장 대척점에 있지 않나 싶습니다. 한 치 앞도 알 수 없는 것이 아이와의 생활이라는 것을, 육아에 조금이라도 참여해 본 사람이라면 누구나 알 수 있지요.

장기적인 계획을 좋아하는 성격답게, 아이를 낳기 전에 많은 계획을 세웠었습니다. 아이가 태어나면 백일까지는 도우미 이모님과 함께 생활하고, 두 돌까지는 남편과 함께, 급할 때는 부모님의 도움을 받으며 휴직 상태에서 아이를 키우고, 두 돌이 지나면 아이 양육을 도와주실 분을 모시고, 어린이집을 보내면서 일에 복귀하면 되겠다는 원대한 계획이 있었죠. 거기서 끝이 아니었습니다. 아이가 다섯 살이 되면, 여덟 살이 되면, 10대가 되면… 대학 가서의 생활까지 미리 생각을 했었죠. 무려 임신하기 전에요. 되돌아보면 저의 이런 성격 때문에 남편이 참 피곤했겠다 싶습니다. 아마 지금도 그렇겠지만요.

너무 여러 번 말해서 아이에게 미안할 정도로, 아이는 제 계획과는 전혀 다른 방향으로 자라고 있습니다. 아이의 기질을 제가 너무 얕본 탓이겠지요. 아이를 키우는 과정에서 환경의 영향이 매우 크다는 것은 교육학자로서 자신 있게 말할 수 있습니다. 그러나 기질의 힘도 만만치 않지요. 저와 상반되는 성격의 아이를 키우사니 답답하고 속상할 때가 한두 번이 아닙니다. 그런데 생각해 보면 아이도 자신과 상반되는 성격의 엄마와 살아가려니 얼마나 힘들겠어요? 아마 모든 엄마들이 이성적으로는 다 이런 생각을 할 거예요. 순간순간 욱하고 치솟는 감정을 참기 어렵다는 것이 문제겠지요.

과잉 기대 속 자라나는 불만

독서에서도 아이와 저의 차이가 드러나기는 마찬가지예요. 저는 새 책을 샀을 때의 기쁨이 정말 큰 사람입니다. 제가 책을 좋아하다 보니 주변에서 아이 책 선물을 많이 해 주었어요. 그래서 아이를 키우기 전부터 친구들에게 물려받은 책, 제가 산 그림책, 선물 받은 수많은 전집을 책꽂이에 모두 꽂아 두었습니다. 좁은 집에 책이 너무 많다는 문제를 제외하면, 보기만 해도 뿌듯했지요.

그 책들을 보면서 제가 무슨 생각을 했는지 아시나요? '세네 살까지는 이 정도 수준의 책을 읽어 주고 처분하고, 다섯 살이 넘으면 이 정도 책을 읽어 주고 다 읽으면 처분하면 되겠다'라는 나름의 계획을 세웠어요. 제가 저의 과거를 돌아보며 글로 쓰면서도 어이가 없어 웃음이 납니다. 독서교육을 전공한 사람이 어떻게 이런 생각을 했을까요? 다른 아이들은 아니어도 내 자식은 뭐든지 단계별로 착착 해 나갈 것이라는 허망하고 말도 안 되는 기대를 나름 전문가라는 저도 하고 있었던 거예요.

첩첩산중이라고, 지식 탐구와 새로운 것 알기를 매우 즐기는 저와 달리 아이는 호기심이 별로 없는 성격입니다. 기존에 친숙하고 잘하는 것을 다시 할 때 즐거워하는 기질의 아이이죠. 그러니까 아이는 새 책을 주면 도망가기 바쁩니다. 수많은 책을 두고 한 가지 책만 계속 보다니…. 처음에는(솔직히 말하면, 지금도) 아이의 이런 면이 정말 속상하고 답답하게 느껴졌습니다. 세상에 대한 호기심은 아이들의 기본 성향일 것이라는 예상과 달라 놀랍기도 했고, 당황스럽게 느껴졌지요.

아이가 친숙하게 느낄 때까지

얼마 전에도 평소처럼 인내심을 최대치로 발휘하며 아이에게 그림책을 읽어 주었습니다. 평소에 잘 읽어 주지 않은 책이어서 그런지 아이가 너무 심하게 듣는 둥 마는 둥 하는 태도를 보였어요. 겨우겨우 책을 다 읽고, 책 읽기 인증 사진(기록용 사진으로, 일부는 인스타그램이나 블로그에 올리고 있습니다.)을 찍었지요. 그때 '이제 엄마가 그만 읽겠구나' 하고 느낀 아이가 부리나케 자기 방으로 달려가 버렸습니다. 그 모습을 보고 순간적으로 기분이 확 나빠진 저는 스마트폰에 눈을 돌리고 아이 사진을 보고 있었어요.

1분 정도 지났을까요? 아이가 "엄마, 판다" 하면서 다른 책을 가지고 제 옆에 앉았습니다. 그러고는 그 책을 펼쳐서 저에게 이렇게 저렇게 설명하며 신나게 보기 시작하는데, 아이가 가져온 책은 제가 예전에 아이에게 읽어 주면서 아이가 듣는 둥 마는 둥 하는구나 하고 느꼈던 바로 그 책이었습니다. 사진으로 기록해 둔 것을 찾아 보니 정확하게 한 달 반 전이었어요. 그 뒤로도 몇 번 그 책을 읽어 주었고, 그때마다 아이는 제가 읽어 주는 내용을 안 듣고 있는 것처럼 보였지만, 천천히 그 책과 친해지고 있었던 거죠.

그렇게 천천히 친해질 때까지 얼마나 큰 인내심이 필요한지, 화가 나서 그만두고 싶을 때가 정말 한두 번이 아닙니다. 그리고 안타깝지만 어떤 책은 아무리 시간이 지나도 친해지지 않기도 해요. 이러한 아이의 태도 변화는 논리적이거나 분석적으로 접근할 수 없고, 장기적으로 계획을 세울 수 없는 양상입니다. 그래서 ENTJ 엄마는 오늘도 속이 말이 아니지요. 그래도 어쩌겠어요? 제 딸인 걸요. 아이가 새로운 책, 새로운 이야기, 새로운 지식과 친해질 때까지 오늘도 한 번 눌러 참아 봅니다. 그렇게 아이가 독립할 때까지 키우고 나면 저의 성격 유형이 또 한 번 바뀔 것 같아요.

칠판과 개밥그릇,
그리고 동물원

칠판이 산산조각 난 게 웃겨

저는 〈빨강 머리 앤〉을 좋아합니다. 앤을 좋아하는 분들은 아시겠지만, 앤과 길버트의 만남은 앤이 길버트의 머리에 작은 칠판을 내려치면서 시작되죠.

저는 어렸을 때 앤을 애니메이션으로 먼저 접했는데요. 애니메이션에서 앤이 길버트의 머리를 내려친 순간 칠판이 산산조각 납니다. 저는 그때 칠판이 산산조각 나는 그 장면이 매우 재미있었던 것같아요. "얼마나 세게 친 거지?" 하면서요.

혹시 앤을 좋아하는 분들 중에 저와 같은 생각을 하며 재미있어했던 분 있으신가요?

아마 거의 없으실 거예요. 칠판이 부서지는 게 뭐 그리 큰 의미가 있겠어요. 아, 아니라고요? 칠판처럼 둘의 관계가 산산조각 났으니 중요한 표현 아니냐고요?

솔직히 전체 이야기에서 '칠판이 부서졌다'는 사건 자체가 크게 중요한 건 아니죠. 길버트가 앤을 놀려서 앤이 화가 났다는 것이 중요하고, 그래서 칠판으로 가격했다는 것이 중요한 내용이잖아요. 하지만 저는 그냥 칠판이 부서진다는 그 사실이 재미있었습니다. 커다란 교실 칠판을 내리치는 상상을 하기도 했었고요. TV에서 방영한 만화라 그 부분만 반복해서 볼 수는 없었지만요.

책 내용보다 개밥그릇이 웃겨

아이가 한국 나이로 네 살쯤 되었을 때, 백희나 작가의 그림책 《나는 개다》를 아이에게 처음 보여 주었습니다. 저희 아이는 새롭고 낯선 것에 대해 거부감이 큰 아이라서, 새 책을 보여 주면서 좋아할 것이라는 기대를 전혀 하지 않았고, 그날도 그냥 저 혼자 북치고 장구 치며 읽고 있었어요. 그런데 세상에, 아이가 처음 보는 이 책에 관심을 보이는 게 아니겠어요? 너무 기뻤던 저는 "역시 백희나 작가님 그림책은 아이들이 좋아하지!" 하면서 그 책을 산 저 스스로를 칭찬했습니다.

그런데 이상한 점을 발견했어요. 아이가 이 그림책 전체를 보는 것이 아니라, 한 페이지만 계속 펼쳐서 보고 있는 거예요. 그 페이지가 바로 개밥그릇이 나오는 페이지였습니다. 《나는 개다》를 읽은 사람이라도, 개밥그릇이 어디에 나오는지 기억하는 사람은 아마 별로 없지 않을까 싶어요. 그림책 초반에 이 책의 주인공 구슬이(개)가 어미 젖을 떼고 밥을 먹기 시작하는 시점에 동동이(주인공 남자아이)네로 오게 되는데요. 그 이야기가 나오는 페이지의 오른쪽 하단에 그려져 있답니다.

아이가 한 페이지만 보는 것이 뭐가 문제냐고요? 한두 번 그럴 때는 저도 마냥 귀엽게 느껴졌습니다. 전체 이야기에 대해 관심이 없어도 어쨌든 새 책에 관심을 가진다는 게 기쁘고, 개밥그릇을 가리키면서 깔깔 웃는 아이가 사랑스러웠지요. 아마 개도 밥을 먹는다는 사실이 재미있게 느껴졌던 것 같아요. 저는 개밥그릇이 뭔지, 개가 무엇을 먹는지 설명도 해 주며 아이와 공감을 시도했답니다.

그런데 아이가 두 달이 되도록 계속 개밥그릇이 나오는 페이지만 펴고 다른 페이지에는 눈길도 주지 않으니, 어떻게 해야 할지 막막하기만 했습니다. 독서교육 수업을 할 때는 분명히 독서에서 아이의 취향을 존중하라고 강조해 왔는데, 막상 내 아이가 이렇게 하나에 집착하니 조급한 마음도 들었어요. 심지어 제 강의록에는 '아이들의 주체성을 키워 주세요', '선택 경험을 주세요', '읽기 효능감을 올려 주세요'와 같은 이야기들로 가득했습니다. 그런데도 부모가 되니 점점 조급해지는 마음을 주체할 수가 없었지요.

작은 것에서 확장하는 관심 영역

결론부터 이야기하면, 아이는 두 달 정도 그렇게 개밥그릇을 보다가 다른 페이지에 나온 할머니로 관심을 옮겼고, 할머니 사랑이 또 한참 진행되다가, 아주아주 천천히 책의 중요한 내용을 이해하기 시작했어요. 이야기 전개에서 핵심 사건이 나오는 곳과 이야기의 결론 부분에 관심을 갖고 유심히 보기도 하고요.

이때, 아이의 관심 영역을 확장하려면 매번 아이가 그 페이지만 읽고 그대로 책을 덮게 하면 안 된다는 것을 깨달았습니다. 아이가 특정 페이지를 보고 싶어 하면, 그 페이지를 먼저 볼 수 있게 존중해 주면서 그 페이지의 앞뒷면도 지속적으로 노출시켜 주어야 합니다. 예를 들면, "개밥은 누가 먹었지? 구슬이가 먹었구나. 구슬이는 어디로 갔지? 아, 동동이네 집으로 갔네"라고 말하면서 이야기를 개밥그릇으로부터 확장시켜 나가는 것이죠. 이때 혼자서 북 치고 장구 치는 전략이 중요한데요. 그 내용은 뒤에서 자세히 다루어 보겠습니다.

제가 개인적으로 좋아하는 그림책 중에 《브루노 무나리의 동물원》이라는 책이 있어요. 이 책은 어른이 보기에는 참 별것 없어 보이는데 아이들이 좋아하는 경우가 많은 독특한 그림책이에요. 이 책의 매력은 (물론 다양하겠지만) 바로 아무 페이지나 펼쳐서 읽어도 이해하는 데 전혀 문제가 없다는 거예요. 아이가 동물원에 가서 여러 동물 중 어떤 동물을 먼저 봐도 상관없는 것처럼, 이 책도 어느 페이지를 펴서 봐도 동물원의 동물을 구경하는 느낌으로 볼 수 있거든요. 한참 한 종류의 동물에 관심을 가지다가 다른 동물이 나오는 페이지를 펼쳐 읽어도 전혀 문제가 없지요.

브루노 무나리는 아이들의 마음을 정말 잘 이해하는 사람이었던 것 같습니다. 자유롭게 탐색하고 싶어하는 아이들의 마음을 알고 그런 그림책을 만들어 준 거예요. 더 흥미로운 부분은 "네가 자유롭게 탐색해도 좋은데, 다른 페이지에도 재미있는 것이 있어"라고 하며 다른 페이지도 보라고 계속해서 유혹하는 '나비'가 함께 나온답니다. 이 같은 멋진 그림책 덕분에 아이를 조금 더 이해할 수 있게 되고, 아이에게 책 읽어 주기를 포기하지 않을 수 있었지요. 그래서 브루노 무나리 작가에게 감사한 마음을 갖고 있어요.

그림책 추천

《나는 개다》 백희나 글·그림 | 책읽는곰 | 2019

아동문학계의 노벨상이라고 불리는 아스트리드 린드그렌상을 받은 백희나 작가의 《나는 개다》는 같은 작가의 이전 작품 《알사탕》과 연결됩니다. 《알사탕》의 주인공인 동동이와 구슬이가 처음 만났을 때의 이야기로, 둘이 가족이 되어 가는 이야기를 담은 프리퀄이지요. 《알사탕》에서는 등장하지 않았던 구슬이의 엄마, 살아 계신 동동이 할머니도 만날 수 있습니다. 두 책을 함께 읽으며 부모님의 성장과 자녀의 성장에 대해서도 함께 이야기를 나누어 보세요. 사진을 함께 봐도 좋겠지요. 이때 엄마, 아빠는 울컥할 수도 있으니 주의하셔야 해요.

《브루노 무나리의 동물원》 브루노 무나리 글·그림 | 비룡소 | 2009

《브루노 무나리의 동물원》은 처음 보면 '이게 뭐지?' 싶은 특이한 느낌의

그림책입니다. 이렇다 할 스토리도 없고요. 중간에 말의 앞뒤가 잘려 있는 모습을 보면 깜짝 놀랄 수도 있어요. 이 책을 읽을 때, 책을 하나의 동물원이라고 생각하고, 동물원에 입장한다는 생각으로 책을 펼쳐 보세요. 내가 동물원에 왔다고 생각하고, 그림책 속 동물을 관찰하면서 마음대로 책의 내용을 만들어 갈 수 있다는 점이 큰 매력입니다. '브루노 무나리의 동물원'이 아니라 아이의 이름을 넣어 '○○○의 동물원'으로 제목을 바꿔 보세요. 그리고 아이가 느끼는 대로, 말하는 대로 아이의 생각을 존중하며 함께 읽어 보세요. 아이의 생각하는 힘이 부쩍 자라날 거예요.

책장은 넘기라고
있는 거지!

아이가 책장을 마구 넘길 때

"아이가 책장을 마구 넘기는데, 어떻게 대처하면 좋을까요?"

제가 부모교육을 진행하면서 영유아 부모님들로부터 많이 받는 질문 중에 하나입니다. 아주 어린 아가들의 경우에는 책을 장난감으로 여기기 때문에 당연한 현상이에요. 하지만 아이가 커 갈수록 주변에서 책을 어떻게 보는지, 부모가 책을 어떤 방식으로 다루는지 보면서 자연스럽게 '책'이라는 것의 개념을 인식하기 시작하지요. 그렇기 때문에 책장을 마구 넘기는 행동은 언제 그랬냐는 듯 소거되는 경우가 대부분입니다.

하지만 발달이 느린 아이들은 다른 물건들의 개념이 잘 형성되지 않는 것처럼, 책에 대한 개념 또한 잘 형성되지 않습니다. 그래서 5세, 6세가 되어도 자기 마음대로 책장을 넘기지요. 그런 아이들에게는 책이란 무엇인지, 어떻게 보는 것인지 자주 보여 주어야 이해할 수 있습니다. 책장을 마구 넘길 때면 "책은 이렇게 한 장씩 넘기면서 보는 거야"라고 직접적으로 가르쳐 주는 것도 좋은 방법입니다.

위의 두 경우를 제외하고, 책에 대한 개념이 있어도, 심지어 발달이 빨라도 책장을 마구 넘기는 아이들도 있는데요. 도통 왜 그러는지 이유를 알 수 없으니 부모는 '아이가 책 읽기를 싫어하는구나' 하며 좌절하고, 의지를 가지고 시작했던 책 읽어 주기를 그만두고 맙니다.

왜 책장만 넘기는 걸까?

얼마 전까지만 해도 저도 같은 어려움을 겪었습니다. 아이에게 책을 읽어 주려고 하면 아이가 책장을 마구잡이로 넘겨서 화가 나는 일이 많았어요. 지금도 물론 그런 일이 없는 것은 아니지만 예전보다는 나아졌답니다. 그 당시 '아이가 책에 대한 개념이 없는 건 아닌데 무엇이 문제일까?' 하며 아이를 자세히 관찰해 본 결과, 다음의 경우에 책장을 넘긴다는 것을 알게 되었습니다.

1. '재미없어요' 유형

책의 내용이 잘 이해되지 않는데도 엄마(아빠)는 계속 읽고 있고, 나는 재미가 없으니 빨리 이 상황을 종료하고 싶다는 마음

2. '여기 볼래요' 유형

책의 내용이 잘 이해되지 않지만 내가 좋아하는 그림이 있는 페이지는 알고 있으니 얼른 펴서 봐야겠다는 마음

3. '견딜 수 없어' 유형

싫어하는 주제, 그림 등이 나오는 책이기에 더 이상 함께 앉아서 볼 수가 없다는 마음

3번 '견딜 수 없어' 유형은 많은 부모님들이 알고 있습니다. 어른들 중에도 싫은 주제나 그림은 잘 견디지 못하는 분들이 있거든요. 예를 들어 많은 엄마들이 곤충 그림책을 읽어 주기 싫은 책으로 꼽지요. 2번 유형도 이해가 쉽죠. 관심사가 제한적인 아이가 어떤 책에서 자신이 보고 싶은 부분을 찾은 것 같다면, 그 부분부터 읽으면서 앞뒤로 서서히 넓혀 나가는 방식을 취하면 됩니다.

어려운 책 = 재미없는 책?

의외로 부모님들이 1번 '재미없어요' 유형을 제대로 파악하지 못하는 경우가 많습니다. 아이들이 말하는 "재미없어요"의 숨은 뜻을 어른이 알기 어렵기 때문에 더 그렇습니다. 아이들이 말하는 '재미'에 대해 이해하려면, 독서의 인지와 정서는 깊은 관계가 있다는 것을 이해해야 합니다. 아이들은 이해하지 못하는 책, 어려운 책을 재미없다고 느끼는데요. 이러한 감정은 아이가 성장하면 구체적으로 표현할 수 있게 됩니다.

어른은 어려운 책을 읽을 때면 싫증을 느끼기도 하지만, 오히려 흥미를 느끼기도 하지요. '진입 장벽이 높지만 재미있는 책'이라는 후기를 들어본 적이 있나요? 책을 읽기 시작할 때 책의 내용이 어렵거나 복잡해서 초반에 포기하는 사람들이 많은 책, 그렇지만 다 읽은 사람들 사이에서는 호평 일색인 책들을 그렇게 말하지요. 어른들은 이렇게 책의 재미와 난도를 구분하여 말할 수 있습니다.

그러나 어린아이들은 대부분 어려운 책을 재미없는 책으로 인식합니다. 그러므로 아이가 책을 마구 넘길 때는 아이가 책 내용을 이해하지 못하는 것은 아닌지 살펴볼 필요가 있습니다. 그리고 "지금은 어려워서 재미없다고 느껴질 수 있어. 그런데 책을 다 읽고 내용을 이해하면 재미있단다. 엄마, 아빠가 도와줄게!" 하며 책 읽기의 즐거움에 대해 이야기해 줄 필요가 있어요.

여기서 주의해야 할 점은 '부연 설명'입니다. 부모의 입장에서는 아이가 내용을 이해하기 쉽도록 부연 설명을 덧붙이게 됩니다. 하지만 아이들의 입장에서 부모의 부연 설명은 책의 내용에 추가된 또 다른 언어적 정보이기 때문에, 읽기에 도움이 되기는커녕 과부하를 일으킬 수도 있어요. 아이가 이해를 못하는 것 같아서 계속 설명을 덧붙여 왔다면, 이제부터 과감하게 그 습관을 끊어 보기를 바랍니다.

책장 넘기기의 주도권을 잡자

제 아이의 책장 넘기기 습관이 나아진 원인은 역시 이해력이 조금 더 좋아졌기 때문인 것으로 보입니다. 아직까지도 본인 수준에 어려운 책은 책장을 막 넘기긴 하지만, 그래도 끝까지 읽는 책이 늘어나고 있지요. 그러면 이해력이 좋아질 때까지 어떻게 독서 지도를 해야 할까요? 솔직히 말하자면, 아이가 크면 클수록 나쁜 습관을 바꾸기는 너무나 어렵습니다. 본인의 취향이 확고해지기 시작하기 때문이지요. 그러니 네다섯 살이 되어도 책장을 마구 넘긴다면 조금은 부모님 주도로 독서를 진행해 보아도 좋습니다.

하루 한 권 정도만이라도 아이에게 주도권을 넘기지 마시고, 부모님이 직접 책장을 한 장씩 넘겨 주세요. 그리고 아이와 마주 보고, 아이가 이해하고 있는지 눈빛과 시선을 살피면서 순서에 맞게 천천히 읽어 주세요. 그림도 함께 자세히 보면서 이야기를 나누면 더욱 좋습니다. 아이는 점점 '아, 책은 종이를 왼쪽으로 넘기면서 모든 종이가 넘어갈 때까지 다 들어야 재미있구나' 하고 느끼게 될 거예요. 그렇게 부모의 주도하에 하루 한 권을 읽었다면, 다른 책을 볼 때는 아이 주도로 자유롭게, 마음껏 책장을 넘기며 탐색하도록 해 주세요. 어쨌든 책장은 넘기라고 있는 것이니까요.

편식과 편독

편식은 언젠가 나아진다

낯선 것을 싫어하는 기질, 예민한 기질의 아이들은 여러 부분에서 부모를 힘들게 합니다. 대표적인 행동 중에 하나가 편식이에요. 편식이 심한 아이들은 그 정도가 상상을 뛰어넘습니다. 구강 감각도 후각도 모두 예민해서 익숙하지 않은 음식, 식감이 낯선 음식, 냄새가 낯선 음식 모두 먹지 않으려고 하죠. 단순히 맛이 없어서 안 먹는 것이 아니니, 억지로 먹이기도 꺼려집니다.

KBS 〈대화의 희열 3〉에서 정신의학과 전문의 오은영 박사가 자신이 어렸을 적 편식하는 아이였음을 고백한 장면이 엄마들 사이에 꽤 유명합니다. 구강 감각이 예민해서 그랬던 것인데 부모님께서 이해해 주셨다는 이야기도 함께 전했지요. 보통 예민함이 줄어드는 나이가 9~10세부터라고 이야기하면서, 즐겁게 먹는 습관이 편식을 고치는 것보다 중요하다는 이야기를 남겼습니다.

오은영 박사의 말처럼 아이에게 음식을 강제로 먹이면 안 되겠지만, 또 부모의 입장에서는 아이를 그대로 내버려 둘 수만은 없습니다. 아이가 먹는 것들 사이에 몰래 숨겨서 주기도 하고, 갈아서 주기도 하고, 같이 요리를 하기도 하는 등 온갖 수단을 사용해서 다양한 영양소를 먹이려고 노력을 하게 되지요. 저는 주로 아이가 좋아하는 김에 조그맣게 자른 고기와 채소를 조금씩 섞어서 먹였습니다. 김밥처럼 큼직하게 섞여 있는 음식은 먹지 않기 때문에, 최대한 별 느낌이 들지 않도록 조금씩 주었습니다. 아이가 조금씩 크고 예민도가 약간씩 낮아지기 시작하면서 새로운 음식에 아주 조금씩 도전하도록 했고 격려도 많이 해 주고 있어요. 또 한 가지 효과적인 방법 중 하나는 '먹는 척하기 놀이'입니다. 그림책에서 새로운 음식 그림이 나오면 여러 번 보여 주며 먹는 척을 하는 것인데요. 그림책에서 여러 번 봐서 익숙해진 음식에는 비교적 쉽게 도전을 하는 모습을 보였습니다. 다른 아이들은 잘 먹지 않는 시금치, 토마토 같은 음식을 좋아하게 된 비결이지요.

편독은 점점 심해진다

이런 기질의 아이들은 편독도 심합니다. 친숙한 음식만 먹으려고 하듯이, 자신이 익숙하고 좋아하는 책만 읽으려고 하지요. 저희아이도 마찬가지입니다. 좋아하는 책은 반복해서 보고 또 봐서 책이 닳을 정도이지만, 새로운 책에 대한 호기심은 거의 없는 편이에요. 아이가 편독이 너무 심해서 몇 권의 책만 반복적으로 보고 있으면 사실 엄마, 아빠 입장에서 답답한 마음이 들지요. '이렇게 책이 많은데, 저 책만 보다니!'

앞서 이야기한 것처럼 편식은 아이들의 감각이 어느 정도 조절되는 10대가 되면 조금씩 나아집니다. 그래서 어렸을 때 골고루 먹으라고 심하게 강요할 필요가 없지요. 적당한 수준에서 건강을 해치지 않을 정도로만 권하면 됩니다. 그런데 편독은 10대가 되면 어떻게 될까요? 누구나 경험하듯이, 어렸을 때 책을 골고루 읽던 아이들도 10대가 되면 자신만의 취향이 생기면서 편독이 더 심해집니다. 10대가 되어 편독이라도 하면 다행이지요. 아예 책을 가까이하지 않는 아이들도 점점 늘어나게 됩니다.

그렇기 때문에 아이가 어렸을 때 최대한 다양한 책을 접하게 하는 것이 중요합니다. 다양한 장르의 글을 접해 보면 청소년기가 되어 자신만의 취향을 만들어 갈 때도 더 나은 선택을 할 수 있어요. 다양한 책을 접하게 하려면 어떻게 해야 할까요? 당연히 전집으로만 구성된 책장은 지양하는 것이 좋겠지요. 그렇다면 다양한 형태와 내용의 책은 어디에 많이 있을까요? 바로 도서관입니다.

안타깝게도 저에게 아이와 도서관을 이용하기란 여러모로 힘든 일입니다. 저는 도서관을 매우 좋아하는데, 아이는 그렇게 좋아하지 않아요. 싫어한다는 표현이 더 가까울 것 같습니다. 아무래도 조용히 해야 한다는 규칙이 아이에게 압박으로 다가오는 것이겠지요. 요즘은 부모가 책을 읽어 주는 공간도 있고, 아이들이 놀면서 책을 볼 수 있는 도서관들도 많다고 하지만, 제가 있는 지역은 여전히 조용한 도서관들뿐이거든요. (그게 나쁘다는 뜻은 아닙니다. 원래 도서관은 조용해야 하는 곳이지요.) 그래서 요즘은 도서관에 가서 아이와 함께 책 읽기에 도전하기도 하지만, 주로 책을 골고루 빌리는

일에 더 집중하는 편입니다. 책을 읽어 주지 않아도, 책을 고르고 대출하는 모습을 아이에게 보여 주기도 하고요.

아이가 특정 책에 관심이 없다고 포기하지 않는 것이 부모의 역할인 것 같다는 생각이 요즘 참 많이 듭니다. 부모는 다양한 책을 보여 줄 뿐이고, 아이가 주체적으로 그 책들 중에서 선택하는 것이니까요. '내가 해 주는 모든 것들을 아이가 좋아할 것'이라는 기대를 버리면, 자녀 교육이 훨씬 쉽고 편해지는 것 같습니다.

어떤 아이돌 그룹 제작자에게 요즘 케이팝 아이돌 그룹의 멤버가 많아지는 추세에 대해서 묻자 이렇게 답했다고 합니다. "멤버 수는 많지만, 각자 자신만의 개성이 있는 멤버로 구성하려고 노력합니다. '이 중에 네 취향이 있겠지!'라는 마음으로 멤버를 다양하게 구성합니다." 우리도 이와 같은 마음으로 다양한 책을 아이에게 보여 주면 어떨까요?

"이 수많은 책들 중에 그래도 네 취향이 있겠지!"

"어렵지?" 금지

나는 끝까지 읽을 수 있어

저는 예전에 아이가 어떤 일을 하면서 조금만 망설이거나 주춤해도 "힘들지?", "어렵지?" 같은 말을 많이 했습니다. 나름 조금 배웠다고, 아이의 마음에 공감하는 말을 하려고 그런 것이지요.

그러던 어느 날, 저 혼자 책을 읽다가 문득 '책을 읽는 것은 원래 어려운 활동이지만 재미있기도 하잖아? 난 왜 항상 힘들다고만 이야기했을까' 하는 생각이 들었습니다. 엄마인 내가 아이의 독서 능력을 낮게 평가하고 있던 것이 아닐까, 독서 활동에 대해서 왜곡된 인식을 심어 줬던 것이 아닐까 제 스스로를 돌아보게 된 거예요.

부모의 표현이 아이에게 영향을 준다는 것은 누구나 알고 있을 겁니다. 독서에 대한 생각도 마찬가지일 텐데요. 독서 활동을 할 때 아이들에게 "어렵지", "힘들지"라는 표현을 자주 사용하는 것은 무의식적으로 독서를 힘들고 어려운 활동이라고 느끼게 하는 데 영향을 줍니다. 독자로서의 자아 효능감*이 독서 동기를 유지하는 데 매우 중요하거든요. 기본적으로 아이들의 마음에 '나는 끝까지 읽을 수 있어!'라는 믿음을 심어 주는

자아 효능감
학습자 자신이 목표 수준까지 특정 행위를 완수하거나 학습할 수 있는 능력을 지니고 있다는 믿음

것이 필요하고, 이는 부모의 격려와 약간의 기술을 통해 키워 줄 수 있습니다. 아이가 어릴수록 주어지는 과제도 비교적 쉽기 때문에, 조금 더 수월하게 자아 효능감을 높여 줄 수 있어요.

부모가 아이에게 할 수 있는 가장 좋은 표현은 '감정 공감'에 해낸 일에 대한 '격려'를 더한 것입니다. "어려울 수도 있는 책인데 끝까지 읽었구나!"처럼요. 학령기 전 유아의 독서는 부모의 목소리로 내용을 듣는 수준이기 때문에 그렇게 힘든 일은 아닙니다. 습관이 되면 할 수 있는 일이지요. 그럴 때마다 한 권을 다 읽거나 엄마, 아빠가 읽어 주는 것을 잘 들은 아이에게 격려와 칭찬을 잊지 말아야 겠습니다.

저희 아이도 처음에는 책 읽기 시간만 되면 도망갔어요. 이해가 잘 되지 않으니 듣기 싫었겠지요. 그래도 매일 한 권씩 읽을 때마다

옆에 잘 앉아 있으면 꼭 안아 주며 격려해 주었어요. 몇 달이 지나니 이제는 스스로 꾹 참고 앉아서 듣고(조금 산만하긴 하지만), 엄마 질문에도 곧잘 대답해 줍니다. 심지어 좋아하는 책을 가져와서 저에게 자기 마음대로 읽어 주기도 하고, 그런 책이 조금씩이지만 늘어나고 있지요. 이론으로만 알았던 변화를 실제로 겪으니 신기할 따름입니다.

양이 중요할까, 시간이 중요할까?

아이들의 연령이 높아질수록 글이 길어지고 내용이 어려워지기 때문에 끝까지 읽지 못하는 경우가 점점 늘어납니다. 읽기 독립을 해서 스스로 읽기 시작하게 되면 더더욱 칭찬을 할 거리가 줄어듭니다. 문해력이 부족한 아이일수록, 이 모든 것이 정말로 어려워지기 때문에 자아 효능감이 확 떨어집니다. 그럴 때 필요한 기술이 바로 독서 시간 또는 독서량 정하기입니다.

중요하게 강조하고 싶은 부분은 독서를 매일의 할 일로 삼는 거예요. 이때 많은 부모님들이 "20분 동안 책을 읽어라" 또는 "20장을 읽어라"와 같이 시간이나 읽을 분량을 정해 주지요. 한 가지 팁은 독서 능력 발달이 조금 느리거나 책 읽기를 즐기지 않는 아이들일수록 시간을 정하는 편이 더 좋다는 것입니다. 20장을 읽으라고 하면 대충 읽거나, 글자만 읽고 내용을 이해하는 데는 힘을 기울이지 않을 가능성이 꽤 높기 때문이에요. 하루 한 권 읽기 같은 목표는 더 이상 좋은 목표가 아닙니다. 읽은 책의 권수만큼 스티커를 붙이는 활동도 그렇게 적절한 방법이 아니라고 할 수 있어요.

결국, 남은 방법은 시간을 정해 주는 것입니다. 10분에서 20분 정도(이 시간 동안 엄마, 아빠도 아이와 함께 책을 읽으면 효과가 더 올라갑니다.) 꾸준히 매일 독서하도록 격려하고, 매일 하는 일이라도 매일 칭찬해 주세요. "오늘도 변함없이 20분 동안 앉아서 책을 잘 읽다니 훌륭해. 끝까지 참고 읽는 모습이 기특하구나." 이렇게요.

그렇게 시간이 쌓여 한 권을 다 읽어 낸 날은 끝까지 읽은 기쁨을 아이와 함께 충분히 나누어 주세요. 그런 과정이 매일 쌓이면 독서에 대한 아이의 자아 효능감이 높아지게 되겠지요. "나는 끝까지 읽을 수 있어!" 아이의 삶을 좌우하는 중요한 마음가짐이 될 것입니다.

너에게 유토피아를
선물할게

부모는 아이의 유토피아를 모른다

독서교육에서 '아동 관찰'은 정말 중요한 진단 방법입니다. 독서 전, 중, 후 아동의 모든 반응을 관찰해서 아이의 인지적, 정서적 상태를 파악하는 것이 그 어떠한 진단 방법보다도 실제성이 높다고 보고 있어요. 아이에게 가장 편안한 환경을 제공한 상태에서 자연스럽게 독서 반응을 관찰할 수 있는 사람은 단연 부모입니다. 그러나 아이에 대해 가장 주관적인 평가를 내릴 사람도 바로 부모예요. 부모는 대부분 자신의 뼈와 살을 내주며 아이를 키우니, 자신의 일부분이라 느끼는 아이를 객관적으로 보기는 정말 쉽지 않습니다.

혹시 여러분은 어릴 때부터 독서를 사랑하며, 도서관이야말로 충전과 휴식의 공간이라고 느끼는 부모인가요? 그렇다면 아이도 나와 같이 독서를 잘하고 좋아할 것이라고 예상하기 쉽지요. 물론 그럴 확률이 높긴 하지만, 저의 경험에 비추어 보면 실제로 아이가 꼭 나를 닮는 것은 아니었습니다. 나를 닮은 부분은 참 이상하게도 내가 너무 싫어하는 나의 모습들이고, 나의 좋은 점은 희한하게 다 비껴서 닮아요. 왜 그런지 참 하나님께 살짝 따지고 싶은 심정이 될 때도 있습니다.

아무튼, 오히려 독서를 좋아해 온 부모라면 자신을 한 번 돌아볼 필요가 있습니다. 나의 취향과 내가 갖지 못했던 독서 환경을 아이에게 부의식적으로 투영하고 있을 확률이 높기 때문이지요.

저는 어려서부터 동화와 소설을 좋아했고, 희곡 작가를 꿈꾼 적도 있었습니다. 제 동생은 시를 좋아해서 서로 좋아하는 시에 대해 이야기를 나누기도 했지요. 초등학생 때 동생과 함께 동네 책방(유료로 책을 빌려주는 대여점)에 들르면, 빌린 책의 내용이 너무 궁금해서 집에 돌아오는 길에 미리 읽으며 걸어오기도 했어요. 차들이 오가는 골목길에서 책을 읽는다고, 부모님께 위험하다 꾸지람을 들은 적도 많습니다. 그렇게 자란 저는 대학생 때는 무라카미 하루키에 심취하고, 소설 속 빨강 머리 앤을 사랑하며 점점 더 책을 사랑하는 어른이 되었지요.

그런 저에게 책이 가득한 집은 그 자체로 힐링입니다. 부모님과 살 때는 그렇게 하지 못했기 때문에 어른이 되고 아이가 생기면 꼭 책으로 가득한 거실을 만들어 주고 싶었지요. 수많은 책을 꽂아 주고 아이도 저처럼 행복하게 몰입하며 독서를 하면 좋겠다고, 조금 더 크면 함께 책 이야기를 실컷 나누는 그런 엄마가 되고 싶다는 꿈이 있었습니다. (이 부분을 쓰면서 갑자기 울컥하네요. 이상형은 이상형일 뿐인 것처럼 자녀와의 삶에 대한 꿈은 꿈일 뿐이었습니다.)

그렇게 저희 딸은 태어나면서부터 수많은 책에 둘러싸여 자라게 되었습니다. 엄마가 어릴 때 갖고 싶던 세계를 아이에게 선물한 것이었지요. 지금 생각하면 그건 저의 유토피아이지 아이를 위한 세계는 아니었다는 생각이 듭니다.

책을 좋아하는 사람은 기본적으로 실내에서 지내는 것을 좋아할 확률이 높다고 생각합니다. 저는 외향적인 편이지만, 그래도 집에서 조용히 책을 읽는 시간을 무척 좋아했고, 아이를 낳은 뒤에도 외출을 하기보다 집에서 시간을 쪼개 책을 읽으며 마음의 평화를 찾았습니다. 육아가 힘들어서 책으로 도피했다는 표현도 적절할 것 같네요. 아이는 데리고 외출하기 힘든 스타일이기도 했습니다. 카시트에서 30분을 울게 놔두어도 적응하지 못했고, 유모차에서 내리게 하면 한 시간도 너끈히 울 수 있는 그런 아이였으니까요. 이렇게 집에서 지내는 것이 엄마와 아이의 니즈가 딱 맞아떨어지는 행동이었지요. 그리고 집 안 어느 공간에 가도 늘 책이 넘쳐났기 때문에 아이는 자연스럽게 책을 가지고 놀았습니다.

그러나 저와 달리, 아이는 책 읽기를 그렇게 좋아하지 않았습니다. 언어 발달도 늦은 편이었죠. 그 당시 판단력이 흐려진 제가 보기에는 아이가 책을 읽는 것처럼 보였지만, 실제로는 책의 내용을 이해하며 보는 것이 아니라 그냥 심심해서 책장을 넘기기만 했던 겁니다. 아이가 점점 자라고, 본격적으로 기승전결이 있는 조금 긴 분량의 이야기책을 읽어 주기 시작하자, 아이가 도리질을 치며 도망가기 시작했습니다. 심지어 "엄마가 책 읽어 줄까?"라고 하자 눈물로 거부한 적도 있어요. 생각해 보면 언어 이해력이 낮은 아이에게 이야기책을 완독해 준다고 해서 그 이야기를 재미있다고 느낄 리 없지요. 그때는 그 사실을 몰랐습니다. 그리고 너무 속상했어요. '다른 아이들은 다 책을 읽어 주면 좋아한다는데', '다른 엄마들은 책 읽느라 목이 아파 죽겠다고 하소연하는데', '나도 책 읽기를 얼마나 좋아했는데'와 같은 생각을 하면서요. 아이에 대해 객관적으로 보지 못한 채, 나도 책을 좋아하고 다른 아이들도 책을 좋아한다고 하니 내 아이도 당연히 책을 좋아할 거라고 판단했습니다.

'이해할 수 있을 만큼'에 더하기 1

많은 시행착오와 연구 끝에 지금은 아이가 이해할 수 있을 만큼의 이야기 그림책과 정보 그림책을 적절히 섞어서 읽어 주고 있습니다. '이해할 수 있을 만큼'이라는 것은 참 애매한 표현인데, 이야

기 그림책에서 특히 그렇습니다. 아이 수준보다 많이 낮은, 아주 쉬운 책을 읽어 준다는 의미가 아닙니다. 아이의 또래가 읽는 책이어도 좋고, 어떤 책이든 아이가 소화할 수 있는 양만큼(혹은 그보다 약간 더 많은 분량도 괜찮아요.) 천천히 이해할 수 있게, 수없이 반복해서 읽어 주는 것이지요. 책의 내용에 대해 아이와 대화도 시도해 보고요. 그러다 보면 '아이가 독서를 좋아하게 된다'라고 말하면 좋겠지만, 그 정도는 아닙니다. 좋아하는 책이 하나씩 생기고, 그것이 변화의 시작이에요.

결국 책을 조금씩 꾸준히 읽으며 아이가 책의 내용을 이해할 때까지 기다려 주어야 합니다. 육아의 기본이자 가장 어려운 부분인 '인내심'이 독서교육에도 필요한 셈이지요. 스펀지가 많은 물을 순식간에 빨아들이듯, 부모가 부어 주는 것을 스펀지처럼 흡수하는 아이들이 있습니다. 그러나 어떤 아이들은 돌처럼 단단하여 아무리 부어도 한 방울의 물도 흡수하지 못하는 것처럼 보이지요. 그럴 때는 오히려 많은 물(책 읽기)을 쏟아붓기보다 꾸준히 물을 떨어뜨려 바위를 뚫는 것이, 느려 보이지만 더 적절한 방법일 것입니다.

바위의 장점도 있습니다. 스펀지는 물이 마르면 원래 상태로 돌아오기 쉽지만, 한 번 뚫린 바위는 원래 상태로

잘 돌아가지 않아요. 수많은 물방울이 거대한 바위를 뚫는 원리를 생각하면서, 우리가 읽어 주는 책의 내용이 꾸준히 아이의 마음속을 파고들도록 힘들지만 함께 격려하며 나아가 봐요.

비고츠키의 'ZDP'와 '비계'

모든 사람들이 항상 아이 수준에 딱 맞춘 교육 내용만 제공한다면, 아이들은 늘 제자리에 머무르기 쉽습니다. 그리고 그것이 누적되면 또래와 더 차이가 벌어질 수 있어요. 그럴 때는 아이가 조금 더 나아갈 수 있도록 이끌어 주는 사람이 반드시 필요합니다.

비고츠키의 ZDP는 '근접 발달 영역'이라고도 부릅니다. 아주 쉽게 설명해서, 아동이 혼자서는 이해할 수 없으나 성인이나 뛰어난 또래와 함께 천천히 학습하면 이해가 가능한 영역을 의미하죠. 저는 아이들의 독서 수준이 자신의 ZDP로 나아가도록, 아이의 발달 단계보다 약간 높게, 한 칸 정도 더 비계(계단)을 놓아 주라고 설명합니다.

그렇기 때문에 아이들이 한창 자라는 시기에는 아이 수준+1 정도의 수준으로 지치지 않고 도전하는 것이 좋습니다. 가장 좋은 방법은 손위 형제나 똘똘한 또래와 노는 것이지요. 그러나 요즘은 한 아이만 키우는 가정도 많아 그 역할을 부모가 해 주어야 하는 경우가 많아지고 있습니다.

잠자리 독서, 어떻게 하면 좋을까요?

잠자리 독서는 서양의 잠자리 분리 문화와 밀접하게 관련이 있다고 합니다. 아이들에게 책을 읽어 주는 행위를 수면에 들기 전에 꼭 해야 하는 일 중의 하나로 정해 두는 거예요. '씻고 → 잠자리에 누워 → 부모님이 읽어 주는 책을 같이 보고 → 혼자서 잔다' 이런 루틴을 통해 아이들이 잠을 쉽게 청할 수 있게 도와주는, 일종의 '수면 전 의식'이라고 할 수 있습니다. 아이들의 독서 능력은 어려서부터 길러지기 시작하는데, 맞벌이 부부의 경우 아이와 책을 읽을 시간이 부족하다는 것이 문제였지요. 이것이 독서교육을 하는 사람들이 잠자리 독서를 권하게 된 이유 중 하나입니다. 이런저런 사연들이 겹쳐, 부모들이 매일 아이를 재우는 시간에 책을 읽어 주는 잠자리 독서를 매우 중요한 일로 여기게 되었다고 볼 수 있습니다.

　그런데 이러한 문화는 많은 부모들이 자녀와 같은 공간에서 잠을 청하는 우리나라 문화와 맞지 않는 부분이 있어요. 부모님과 함께 이야기를 나누는 시간이 너무나 행복한 아이들은 그 시간을 길게 이어가고 싶지요. 이때 부모님과 같은 공간 안에 있으면 아이들의 심리는 어떨까요? 부모님이 읽어 주시는 한두 권의 책을 듣고 바로 잠들고 싶지 않으며, 책을 계속 읽어달라고 하고 싶지요. 그래서 부모님의 목소리를 계속 듣고 싶은 유혹에 시달리게 됩니다. 그렇다면 부모님의 입장을 살펴볼까요? 우선 아이와 계속 같은 공간에 있고, 아이가 독서를 하고 싶어 하는 마음을 망가뜨리면 안 된다고 생각하는 경향 때문에 거절하기가 어렵습니다. 그러다 보면 잠자리 독서가 자꾸만 길어지는 경우가 많습니다. 그러니 아이의 진짜 마음을 들여다보는 것이 가장 중요하겠지요. 정말 책을 읽고 싶은 것인지, 아니면 부모님과 더 시간을 보내고 싶은 것인지요.

　저는 개인적으로 잠자리 독서를 꼭 하라고 권하지는 않습니다. 물론 잠자리 독서는 긍정적인 면이 많고 아이들도 행복해하는 좋은 활동임이 틀림없습니다. 다만, 예민한 친구들이나 몰입을 잘하는 친구들, 감정이 풍부한 친구들은 책의 내용에 쉽게 몰입해서 감정적인 동요를 느끼는 경우가 있습니다. 이런 경우 아이들의 수면에 방해가 될 수 있어요. 또한 책을 읽으면서 생각하는 힘을 길러주는 데 잠들기 전 시간은 적절하지 않을 수 있습니다. 그러므로 낮 시간이 자유로운 부모님들은 아이와 함께 하는 독서 시간을 일정하게 정해 두고 실행하면 됩니다. 저는 일하는 엄마이기 때문에 저녁을 먹기 전이나, 그날 일정이 늦으면 저녁 먹은 후에 같이 책을 읽으려고 노력하고 있어요. 꼭 자기 전에 읽을 필요는 없고, 지정된 시간을 통해 습관으로 만드는 것이 중요하니까요.

그래도 잠자리 독서를 해야만 하는 분들, 감정이 풍부하고 몰입을 잘하는 아이와 잠자리 독서를 하고 싶은 분들은 아이에게 감정의 동요를 많이 일으키지 않는 편안한 이야기의 책으로 함께 읽기를 추천합니다.

산소 호흡기는 어른부터

조금 부끄럽고 우스운 이야기지만, 저는 아이를 데리고 비행기를 탈 때 만약 사고가 일어난다면 어떻게 살아남을지 머릿속으로 시뮬레이션을 해 보곤 합니다. 왜냐고요? 비행 중 위급한 상황에서 아이도 살리고 저도 살고 싶기 때문이지요. 그런데, 아이와 함께 비행 중 위급한 상황에 처한다면 과연 누가 먼저 산소 호흡기를 해야 할까요?

다음은 독서교육 강의를 할 때 들은 한 부모의 이야기입니다.

"아이가 책을 계속 읽어 달라고 해요. 정말 계속이요. 어떨 때는 한

자리에서 열 권도 넘게 읽어 줬어요. 그럴 때는 아이가 읽고 싶어 하니 기특해야 하는데, 정말 읽기가 싫어서 대강대강 읽게 돼요. 그래도 되나 죄책감이 들어요."

이런 경우, 다른 사람들은 "아이가 열심히 책을 읽어 달라고 가져오니까 얼마나 훌륭하냐", "부럽다", "복에 겨웠다", "그 정도는 힘든 일도 아닌데 읽어 줘라"라고 하며 피곤해하는 부모를 이상한 사람 취급하기 쉽습니다. 그러나 아이가 읽어달라는 책을 모두 읽어 줄 수도 없고, 그럴 필요도 없습니다.

아이가 책을 읽어달라고 가지고 오는 데에는 다양한 이유가 있어요. 책이 정말 재미있어서일 수도 있고, 부모와 온전히 책을 읽으며 보내는 그 시간이 너무나 좋아서일 수도 있지요. 물론 아이가 책을 읽어달라고 할 때 긍정적인 반응으로 상호 작용하며 읽어 주면 좋지만, 한 권 두 권 양이 많아지면 솔직히 부모도 사람인지라 그러기가 쉽지 않습니다.

"아이가 끊임없이 질문을 해요. 어떻게 대답을 해야 할지 어렵기도 하고, 어떨 때는 한마디도 안 하고 싶을 때도 많아요."

질문에 대한 대답도 마찬가지잖아요. 아이가 재미있는 질문을 한두 개씩 할 때는 기특하지만, 매일 매 순간 반복되면 지치기 마련이지요. 이렇게 지칠 때는 아이의 요구에 제한을 주고, 감정을 솔직하게 말해 보세요.

"오늘은 세 권만 읽을래. 엄마 오늘 집안일하느라 피곤한 하루여서 가만히 쉬고 싶어. OO이는 더 보고 싶은 책을 스스로 보면 되겠다."

"OO이가 궁금한 게 많아서 아빠는 참 좋아. 그런데 지금은 아빠가 말을 안 하고 좀 쉬고 싶거든. 궁금한 건 잘 생각해 놨다가 저녁 먹고 다시 이야기하자. 아니면 누나(다른 가족)한테 물어보렴."

앞서 언급한 산소 호흡기 이야기를 마저 해 볼까요? 비행 중에 발생한 위급 상황에서 살기 위해서는 산소 호흡기를 제대로 착용해야 합니다. 대충 얹어 놓는다고 해서 해결되는 게 아니지요. 그러려면 산소 호흡기를 올바르게 착용시켜 줄 수 있는 부모가 먼저 산소 호흡기를 쓰고, 그 뒤에 아이의 착용을 돕는 것이 원칙입니다. 그래야 부모도 아이도 살 수 있으니까요.

독서를 할 때도 대충 책을 소리 내어 많이 읽어 준다고 해서 아이의 독서 실력이 비약적으로 늘지는 않습니다. 오히려 책을 하루에 한두 권 정도만 읽으며 집중해서 상호 작용해 줄 때 드라마틱한 효과가 나타나는 경우를 많이 봅니다. 아이의 독서 능력을 제대로 키워 주기 위해서는 스스로의 감정을 먼저 살펴보세요. 그리고 아이의 요구를 무조건 수용해 주지 마세요. 그것이 책을 읽어달라는 '좋은 행동'이라고 해도 말입니다.

문해력을 키우는 책육아의 힘

\ 2장 /

독해력 키우기,
어렵지 않아요

독서와 인지

알고 보면 간단한
독해력 키우기

독서와 운동은 닮았다

이 책을 읽는 여러분은 운동을 좋아하나요? 저는 그렇게 좋아하진 않습니다. 주로 몸이 너무 아플 때, 건강을 위해 억지로 시작하는 일 중에 하나지요. 홈 트레이닝을 할 때 유튜브 속 강사님이 "이 동작은 쉬운 동작입니다"라고 하면 얼마나 어이가 없는지 웃음이 납니다. 그런데 운동이 정말 쉽게 느껴지는 사람들도 있을 거예요. 운동을 취미로 삼을 만큼 좋아하는 사람도 많지요.

독서와 운동은 비슷한 면이 많습니다. 어떤 사람은 독서를 취미로 생각하고 즐겁게 여기는 반면, 또 어떤 사람은 정말 필요한 경우가 아니면 하지 않으려고 하지요. 무서운 공통점도 있습니다. 운동을 아예 하지 않으면 신체 능력에 치명적이고, 독서를 아예 하지 않으면 인지 능력에 치명적이에요. 신체 능력과 인지 능력이 모두 삶을 살아가는 데 핵심적인 요소라는 점에서 독서는 운동처럼 생각하고 접근해야 합니다.

물론 인지 능력이 타고나게 좋은 아이들이 있어요. 마치 운동 신경이 타고나게 좋은 것처럼요. 이런 아이들은 글을 읽고 이해하는 독해력도 상대적으로 쉽게 기를 수 있습니다. 조금만 운동해도 근육이 잘 붙는 사람에 비유할 수 있지요. 반대로 계속 책을 읽어도 글의 내용을 잘 이해하지 못하는 사람도 있겠죠? 이 또한 운동을 해도 근육이 잘 생기지 않거나 살이 잘 빠지지 않는 사람이 있는 것과 같은 이치입니다.

책의 수준 = 기구의 무게
읽기 빈도 = 운동 빈도

운동과 독서 모두 꾸준한 노력이 필요한 영역이에요.

그렇다면 독해력은 어떻게 키울까요? 근육을 키우는 것과 같은 방법으로, 폐활량을 늘리는 것과 같은 방법으로 접근하면 됩니다. 헬스장에서 꾸준히 기구를 들고, 무게와 횟수를 계속 조금씩 늘려야 근육이 생긴다는 것은 모두가 아는 사실이에요. 폐활량을 늘리고 싶으면 숨이 찰 때까지 꾸준히 뛰어 주는 것이 중요하지요. 마찬가지로 독해력을 키우고 싶다면 글의 수준을 계속 약간씩 높여 주고, 꾸준히 읽어 주는 것이 가장 중요합니다.

특히 독해력이 약한 아이들일수록 더 자주 읽어 주는 것이 중요합니다. 글의 수준을 감당 가능할 만큼 지속적으로 높여 주면서요. 아이의 독해 수준이 낮으면 처음에는 흥미를 불러일으키기 위해 낮은 수준의 책으로 시작할 수도 있겠지만, 계속 낮은 수준의 책만 읽어 주면 더 이상 독해력이 성장하지 못하게 됩니다.

또래 수준에 맞는 책 고르기

독서교육을 진행하다 보면, 조금 느린 아이에게 적합한 책을 추천해 달라는 문의를 많이 받습니다. 사실 조금 느린 아이라고 해서 특별히 다른 책을 읽을 필요는 없어요. 초등 저학년까지는 또래 수준의 책을 조금씩 자주 보면서 충분히 부모와 대화를 나누는 것이 훨씬 좋습니다. 비슷한 수준의 책을 읽었을 때 아이들이 같은 연령에서 학습하는 내용을 따라가기에 수월할 수 있어요. 예를 들어, 아이의 수준에서 자주 들을 만한 개념들을 다양하게 접할 수 있습니다. 그렇게 개념어를 많이 들어 본 아이들은 상대적으로 개념어를 많이 사용하는 학교 수업, 선생님의 설명을 듣고 이해할 때 수월하겠지요.

만약에 아이가 조금 느리다고 해서 또래의 수준보다 낮은 책만 읽는다면 아이들은 학교에서 선생님이 하는 말을 이해하기 어려워지고, 또 다른 학습 결손으로 이어지게 될 수도 있습니다. 책의 난도는 어휘 수준뿐만 아니라 문장이나 글의 구조를 이해하는 데도 영향을 미치기 때문에, 또래(혹은 아주 약간 낮은) 수준의 책을 부모님이 함께 읽어 주는 것이 좋아요. 또한 다양한 시범을 보여 주면서 아이의 이해를 돕는 과정을 거쳐야 합니다. 여기서는 혼자 북 치고 장구 치는 기술이 필요한데, 이 기술은 아이의 기질이나 발달과 크게 상관없이 누구에게나 적용할 수 있는 유용한 방법이에요. 4장에서 자세히 설명하도록 할게요.

한 권이라도 제대로 보도록

언제나 이론보다 실전이 어려운 법입니다. 저도 아이와 책을 읽을 때, 너무 쉬운 책을 고르지 않기 위해 늘 신경 쓰고 있습니다. 아이의 또래들이 읽는 책을 읽어 주려면 에너지가 몇 배는 들고, 아이도 좋아하지 않을 때가 많아서 저도 그냥 쉬운 책, 아이가 좋아하는 책을 읽어 주고 싶을 때가 있어요. 그래도 만약 하루에 두 권을 읽어 준다면 한 권은 아이의 독해 수준보다 높은, 아이와 비슷한 연령의 아이들이 즐겨 읽을 만한 책을 골라서 열심히 수다를 떨어 줍니다. 아이에게 이것저것 묻기도 하고, 아이가 집중하지 못해도 저 혼자 읽기도 하고요. 그러면서 아이가 조금이라도 관심을 보이는 책이 있다면, 그 책을 아주 여러차례 반복적으로 함께 봅니다. 여러 권의 책을 같이 읽고 이해하면 더 좋겠지만, 일단 한 권이라도 제대로 보도록 도와줍니다. 그렇게 아이가 책을 이해하면, 역으로 또 책에 대한 흥미가 생기니까요. 어린아이일수록 이해가 곧 재미로 이어집니다. 우리가 어려운 책을 애써 완독했을 때, 그 성취감이 짜릿하고 재밌다고 생각되는 것처럼요.

한글 교육은 언제 해야 할까?

아동 발달과 한글 깨치기

"책만 읽어 주면 한글 다 뗄 수 있어."

"아이가 관심 보일 때, 그때 해도 돼."

"우리 애는 한글 가르친 적 없어. 책이나 많이 읽어 줘."

육아 선배들은 흔히 이렇게 조언합니다. 그런데, 정말 다 맞는 말일까요? 물론 한글 교육의 적기는 아이가 글자에 관심을 보일 때가 맞습니다. 대부분의 아이들에게는 그렇지요. 소수의 아이들 중에서는 스스로 글자를 깨치는 경우도 찾아볼 수 있습니다.

그런데 앞서 말한 과정이 어려운 아이들이 있어요. 과도하게 일찍 관심을 가지거나 너무 늦게 관심을 가지는, 혹은 아예 관심이 없는 경우가 그렇습니다. 모두 정말 어려운 문제이지만, 이 글에서는 아예 관심을 가지지 않는 경우에 대해서 이야기를 나누어 보려고 합니다.

이제부터 조금 이론적인 이야기를 해 볼까 해요. 왜 우리 아이는 글자를 잘 읽지 못할까 답답해하는 분들을 위해 그 이유를 아동 발달의 관점에서 풀어 보겠습니다. 아이의 발달이 느린 것은 사실 단순한 문제가 아니에요. 아이들마다 어려워하는 영역이 모두 다르기 때문에 함부로 단정 지어 말하기 어렵습니다. 그래도 아동 발달의 과정을 조금이라도 이해하면 아이가 글자에 관심을 보이지 않는 이유를 조금은 이해할 수 있을 거예요.

피아제라는 인지 발달 연구자가 있습니다. 피아제가 말하는 아동 발달의 과정에서 유아기는 전조작기에서 구체적 조작기로 넘어가는 시기입니다. 전조작기(조작기의 전 단계)에 있는 아동의 경우, 추상적인 '문자'라는 개념 자체가 머릿속에서 생성되지 않습니다. 글자를 그림처럼 외울 수는 있겠지만, 상당히 한정적이지요. 통글자로 교육을 해야 한다고 하는 의견도 있는데, 이 세상의 모든 글자를 그림처럼 외운다고 상상해 보세요. 효율성이 매우 떨어지고 아이들이 괴로워할 확률이 높지요.

피아제의 인지 발달 이론

전조작기의 특징 (만 2~7세)

1. 정신적 표상은 가능하나, 그 표상을 정신적으로 다루거나 조작하지는 못함
2. 자기중심적 - 다른 사람의 관점을 받아들이는 데 어려움이 있음

구체적 조작기의 특징 (초등 시기)

1. 정신적 표상을 정신적으로 조작도 할 수 있지만, 정신적 조작의 대상이 구체적 대상에 국한됨
2. 구체물 조작을 동반하면 논리적 사고가 가능해짐

피아제의 이론에 따르면 초등학교 입학 전후로 아이들은 구체적 조작기로 도약한다고 합니다. 이 시기에는 글자를 머릿속으로 조작하는 것이 가능해집니다. 즉, 'ㄱ'과 'ㅏ'를 합하면 '가'가 된다는 것을 알고, '나비' 글자에서 배운 '나'를 '나무'에도 대입해서 읽는 등 머릿속에서 글자를 조작할 수가 있어요. 반대로 '가'는 'ㄱ'과 'ㅏ'가 합쳐졌다는 것도 이해하게 됩니다. 이처럼 초등학교 입학 전후의 아이들은 한글의 원리를 이해하면서 빠르게 배울 수 있지요.

매우 논리적인 문자인 한글.
굳이 급하게 통문자를 외우게 할 필요는 없어요.

한글 교육 적기를 조금 더 빠르게 보는 학자들도 있습니다. 한글이 배우기 쉬운 글자이기 때문에, 만 4~5세 정도가 되면 한글을 가르칠 수 있다고 합니다. 만 4~5세는 음성 언어 발달이 완성되는 시점이기 때문에, 이때를 한글 학습의 적기로 보는 것입니다.

기다리는 대신, 장기 프로젝트

인지 발달 이론으로 보면, 인지 발달이 느린 아이들은 초등학교 입학 시기가 다가와도 전조작기에 머무르기 때문에 글을 깨치는 데 어려움을 겪습니다. "어떻게 글자라는 것 자체를 인식 못할까?",

"나비를 아는데 나무의 '나'를 왜 못 읽지?"와 같은 의문이 있었다면, 아마도 이제는 조금 해결되었을 겁니다. 만 4~5세를 적기로 보는 연구를 바탕으로 해도 아이들의 어려움은 비슷합니다. 만 4~5세에 음성 언어 발달이 어느 정도 완성되었다는 것을 전제로 한글 학습이 쉽게 이루어질 수 있다고 보는 것이기 때문에, 상대적으로 음성 언어 발달이 늦은 아이들은 한글 학습이 어렵게 느껴지는 것입니다.

이제는 연구자가 아니라 엄마의 입장에서 이야기를 해 볼까요? 아이의 발달 수준에 맞추어 한글을 안 가르치자니, 아이가 입학하고 나서 겪을 어려움이 눈앞에 그려지지요. 그러니 아이가 일곱 살이 되어도 한글에 전혀 관심이 없다면, 관심을 가질 때까지 기다리는 대신 길게 보고 한글 학습을 시작하라고 조심스럽게 권하고 싶습니다. 장기 프로젝트로 생각하고 매일 꾸준히 자모 결합, 낱자 분리해서 읽기 등에 노출시켜 보세요. EBS에서 제작한 한글 교육 프로그램도 적극 활용하면 좋습니다. 이런 프로그램의 장점은 아이들이 구체적인 상황과 구체적인 이미지를 상상할 수 있게 하고, 논리적으로 어떤 글자가 있는지 보여 줌으로써 머릿속으로 조작이 어려운 아이들에게 도움을 준다는 것입니다. 교재도 아이들에게 문자 결합이나 원리를 시각적으로 보여 주고 조작해 볼 수 있는 책으로 선택하세요. 단순히 따라 쓰기만 해서는 한글을 잘 깨치지 못할 확률이 높아요.

문자를 배우기 전에…

제대로 된 읽기가 되려면 문자 학습보다 더 먼저 이루어져야 하는 것들이 있습니다. 그것을 '발생적 문식성Emergent literacy'이라고 합니다. 인쇄물에 대한 개념이나, '나비'가 '나'와 '비'로 되어 있다는 것처럼 낱자 소리에 대한 이해 등이 먼저 어느 정도 갖추어져 있어야 하지요. 그리고 사실 더 중요한 것은 어휘력, 이야기 구조에 대한 이해라고 할 수 있어요. 이는 문자 학습과 달리 단기간에 학습이 되지 않고, 오랜 시간 누적되는 부분이에요. 그리고 초등 시기의 독해력으로 직결되기 때문에 유아기에 충분히 쌓아 주어야 하는 능력입니다. 느린 학습자 자녀를 둔 초등 학부모들이 좌절을 겪는 부분은 아이의 한글 실력이 아니라 독해력 부족입니다. 이 점을 잊지 말고, 문자 학습보다는 함께 책을 읽는 데 더 집중해야 해요.

그래서 저는 어떻게 읽기 교육을 시킬 계획이냐고요? 저희 아이는 기본적으로 새로운 것에 크게 관심이 없는 아이라, 글자에도 관심을 가질 확률이 높지 않다고 판단했습니다. 그래서 여섯 살이 된 시점부터 조금씩 문자를 노출하고 있어요. 본격적으로 글자를 가르치는 것은 7세부터 시작하려고 합니다. 그래도 한글 프로그램은 계속 보여 주고 글자도 자주 노출할 예정이에요. 물론 매일 함께 한 권 책 읽기를 가장 우선할 계획입니다.

한글 깨치기를 돕는 책 읽기 방법

초임 교사 시절부터 기초 문식성(문해력) 영역을 연구하면서, 다양한 방법으로 독서교육을 실천해 왔습니다. 그중에서 누구나 쉽게 활용할 수 있는 '한글 깨치기를 돕는 책 읽기' 방법을 세 가지 소개하려고 해요.

첫째, 한글 교육을 목적으로 만들어진 그림책을 활용하는 것입니다. 이는 가장 손쉬운 방법으로, 문자를 단어와 관련지어 생각하도록 한글 학습을 도와주는 그림책들이 시중에 많이 있어요. 《생각하는 ㄱㄴㄷ》,《숨바꼭질 ㄱㄴㄷ》,《손으로 몸으로 ㄱㄴㄷ》 같은 그림책들이 대표적이에요. 이런 책들은 문자에 관심을 갖게 하고, 단어와 문자의 관계를 생각하게 도와줍니다. 지나치게 한글에 대해 설명하기보다는 그림에 숨어있는 글자를 찾는 느낌, 숨은 그림 찾기를 하는 기분으로 아이와 함께 읽으면 좋아요.

둘째, 귀로 들은 소리를 글자로 인식하려면 소리를 하나하나 분리해서 듣는 능력이 선행되어야 해요. 위에서 소개한 그림책들을 영어 파닉스처럼 읽어 주면 좋습니다. 읽어 주기 방법이 어렵다면, EBS의 〈한글용사 아이야〉라는 프로그램을 참고하세요. 할아버지가 자모를 조합하며 글자를 읽어 주는 코너가 있는데, 이때 할아버지의 읽기 방법이 글자 소리를 분리해서 읽는 방법이랍니다. 추천하고 싶은 그림책으로는 《가나다는 맛있다》가 있어요. 이 책은 소리를 어떻게 나누어 읽어 주어야 할지 어려워하는 부모님들도 그대로 읽기만 하면 되도록 구성되어 있어요.

이때 주의할 점이 있습니다. 항상 위의 방법으로 그림책을 읽어 주면 아이들이 책의 내용을 이해하는 데 집중하지 못하고, 글자의 소리를 듣는 데만 집중할 수 있다는 문제가 있어요. 그렇기 때문에 모든 책을 위의 방법으로 읽어 주는 것이 아니라, 한글 교육을 목적으로 만들어진 그림책을 읽을 때만 위의 방법을 사용하는 것을 추천합니다.

셋째, 의성어와 의태어가 풍부한 그림책을 읽어 주세요. 또는 각운이나 두운이 있는(처음이나 끝의 소리가 반복되는) 시나 노래를 함께 불러 보는 것도 좋은 방법이에요. 의성어, 의태어는 말소리가 반복되면서도 자음이나 모음만 바뀌기 때문에 아이들이 글자와 소리의 관계를 인식할 수 있도록 도와줘요. 추천하는 그림책은 《바빠요, 바빠!》,《곰 사냥을 떠나자》,《빠앙! 기차를 타요》입니다. 이 외에도 의성어, 의태어를 잘 살린 그림책들이 많이 있으니 어떤 그림책을 만나더라도 언어의 특성을 잘 살려서 읽어 주세요. 무릎에 앉혀 놓고 몸을 흔들며 읽어 주거나, 아이와 함께 따라하며 즐겁게 읽기를 추천합니다.

학습지나 좋은 교재를 사용해서 한글을 배우는 것도 아주 좋지만, 그 방법은 정말 적극적으로 집중해서 단기간에 가르칠 때 활용하면 효과를 극대화할 수 있어요. 학습으로 접근하기 전에 아이가 글자와 글자에 대한 소리에 익숙해지도록 위의 방법을 사용해서 그림책을 읽어 주세요.

과자 이름으로 배우는 글자

누구나 알고 있지만 생각보다 잘 실천하게 되지 않는 방법이 우리 주변의 문자를 활용하는 방법입니다. 한글을 직접 가르치기 전에 주변의 사물들을 활용해서 아이가 '글자'라는 존재를 인식하게 하는 것이 매우 중요하거든요. 아이가 가장 좋아하는 책 제목, 과자 이름, 캐릭터 이름 등이 보일 때마다 한 글자, 한 글자 짚어서 읽어 주기만 하면 됩니다. 그러면 아이들이 해당 물건을 볼 때마다 그 글자를 인식할 수 있습니다. 예를 들어, 뽀로로 과자를 보면 뽀로로라는 글자가 써 있다는 것을 유추할 수 있는 것처럼 말이지요. 이 방법은 통문자 학습법과는 결이 다릅니다. 글자에 관심을 갖게 하고, 아이가 잘 알고 있는 단어의 소리(의미)와 글자를 연결하도록 도와주는 활동이랍니다.

 그림책 추천

《바빠요, 바빠!》 이정빈 글·그림 | 이야기꽃 | 2020

자동차를 좋아하는 친구들에게 추천하고 싶은 그림책이에요. 반복되는 패턴이 흥미롭고, 자동차의 소리를 흉내 내는 의성어가 모든 페이지에 나오기 때문에 아이와 함께 의성어를 흉내 내며 읽으면 재미있어요.

자동차의 사이드 미러를 보면 뒤에 따라오는 차들이 보이잖아요? 이 그림책 속 자동차들의 사이드 미러를 보면, 다음 페이지에 어떤 자동차가 나오는지 그려져 있어서 책장을 넘기기 전에 생각하는 재미도 준답니다.

《곰 사냥을 떠나자》 마이클 로젠 글, 헬린 옥슨버리 그림 | 시공주니어 | 2022

가족이 함께 곰 사냥을 떠납니다. 어려움이 닥칠 때마다 긍정적 사고로 이겨 내는 그림책이에요. 이 책에서는 문제를 해결할 때마다 의성어, 의태어가 반복해서 나오기 때문에 아이와 스킨십을 하거나 흉내 내며 읽을 때 즐거움이 배가 됩니다.

언제까지
읽어 줘야 할까?

책을 읽어 줘야 하는 이유

오늘도 아이와 함께 책을 읽었나요? 아이와의 독서가 유달리 지치는 날이 있습니다. 지난 어느 아침, 아이 반에 코로나바이러스 확진자가 발생했다는 연락을 받은 적이 있지요. 갑작스럽게 등원을 못하게 되었고, 주양육자인 제가 꼼짝없이 모든 스케줄을 취소하고 아이와 함께 시간을 보내야 했습니다. 저만 그런지 모르겠지만, 날이 밝을 때는 최대한 친절하고 밝은 모드로 아이를 대하다가도 이상하게 해가 지면 성질이 나요. 이렇게 지친 날에는 '하기 싫지만 해야 하는 숙제' 느낌으로 책 읽기를 하는 것 같습니다. 이렇게 지치는 날들이 쌓이면 '아니, 언제까지 책을 이렇게 읽어 줘야 해? 얼른 한글 떼고 혼자 읽었으면 좋겠다'라는 생각이 들지요. 하지만 안타깝게도 글을 깨친다고 해서 혼자 책을 읽을 수 있는 게 아니라는 건 우리 모두가 알고 있어요. 도대체 왜 그럴까요?

제가 앞에서 한글 학습보다 책 읽어 주기에 더 힘쓸 거라고 자신 있게 이야기했었지요. 그렇게 말한 이유는 독해력을 받쳐 주는 핵심 요인이 한글 학습만이 아니기 때문입니다. 유아기에 있는 아이들에게 필요한 핵심 요인은 음성 언어를 듣고, 이해하고, 자신의 말로 설명할 수 있는 '음성 언어 능력'입니다.

유아기의 문자 학습이 추후 초등학생 시기의 독해력에 영향을 주는지에 대한 연구는 무척 많습니다. 그 결과를 종합해 보면, 대체로 유아기에 문자 학습에 집중한 아이들은 그렇지 않은 아이들에 비해 초등 저학년 시기에 단어 읽기 수준에서 상대적으로 높은 성취를 보였다고 해요. 그런데 여기서 흥미로운 반전이 일어납니다. 그 차이가 초등 고학년까지 이어지지 못하고, 오히려 복잡하고 어려운 글을 만나면 읽어 내지 못하는 아이들이 속속 등장한 것이지요. 결국 초등 저학년 이후 학생들의 독해력은 유아기 문자 학습과는 직접적인 영향 관계가 없다는 결론에 다다르게 되었습니다. 그러면 어떤 요인이 아이들의 독해력에 영향을 미칠까요? 초등 저학년 이후 아이들의 독해력은 어릴 때부터 혼자 책을 읽는 것이 아닌, 타인과 함께 책을 읽고 많은 이야기를 나누는 데서 결정됩니다. 즉, 앞서 이야기한 유아기의 음성 언어 능력에서 시작되는 것이지요.

독해력에도 단계가 있다

아이들이 혼자 책을 읽고 내용을 이해하는 정도의 독해력을 갖추게 되기까지는 많은 단계가 필요합니다. 이 글에서는 간략하게 다음의 세 단계로 나누어 정리해 보겠습니다.

1. 글자를 어렵게 읽는 단계
2. 글자는 유창하게 읽지만, 내용은 제대로 이해하지 못하는 단계
3. 글을 읽으면 자연스럽게 내용을 이해하는 단계

처음 아이들이 한글을 떼고 글을 소리 내어 읽을 수 있게 되면 책의 내용을 자동으로 이해할 것 같지만 실제로는 그렇지가 않습니다. 뇌가 할 수 있는 일에는 한계가 있고, 글자를 그저 읽기만 하는 데 정해진 용량을 대부분 사용하기 때문이지요. 영어나 외국어를 공부할 때, 학습 과정의 초반을 떠올려 보세요. 단어 하나하나 소리 내어 읽다가 지쳐 버리는 경험은 누구나 가지고 있을 거예요. 한글 공부도 마찬가지입니다. 뇌가 문자를 읽느라 내용을 이해할 여유 공간이 없지요. 그러다 보니, 아이가 소리 내어 책을 완독하면 그 책을 다 이해한 것 같지만 실제로는 하나도 읽지 않은 것과 크게 다르지 않습니다.

아이가 글자를 힘들게 읽는 시기를 지나 어느 정도 글을 유창하

게 읽을 정도로 발전하는 단계가 옵니다. 이제 독해를 잘할 것 같지만, 또 그렇지가 않습니다. 아이들이 '글이 말하는 방식'과 친하지 않기 때문이지요. 평소 일상 언어만을 사용해 온 아이들은 글이 말하는 방식, 예를 들어 이야기의 구조를 이해하고, 비언어적 표현이 없는 '글'이라는 것을 이해하는 데 어려움을 느낄 수밖에 없지요. 글이 말하는 방식과 친해져야 비로소 글을 읽으면 자연스럽게 내용이 이해되는 단계로 접어들게 됩니다.

그런데 음성 언어 능력이 충분히 쌓여있는 아이들은 문자 학습이 끝나면 빠른 시간 안에 읽기 독립을 하기도 합니다. 글이 말하는 방식과 친하기 때문이지요. 평소 일상 대화는 글의 말하기 방식과는 차이가 있기 때문에 그저 대화를 많이 하는 것만으로는 충분하지 않습니다. 부모님과의 책 읽기를 통해 자연스럽게 글이 말하는 방식에 노출되어야 해요. 부모님과 어려서부터 다양한 책을 읽어온 아이들은 글이 말하는 방식과 이미 친한 상태이기 때문에, 상대적으로 빨리 어느 정도 수준의 독해력을 가지게 됩니다.

정리하면, 아이가 글을 일찍 깨쳤다고 해도 음성 언어 능력이 충분히 쌓여 있지 않으면 읽기 독립은 시기상조입니다. 그러니 다른 집 아이들과 비교하기보다는 마음을 조금 내려놓고 아이와 책을 함께 읽으며 충분한 음성 언어에 노출시키는 데 더 힘써 볼까요? 오히려 읽기 독립이 더 빨라질 수도 있어요.

대화가 이렇게
힘들 줄이야

열린 교육과 하브루타

80년대 말부터 90년대 초, '열린 교육'이라는 말이 유행했었습니다. 아마 그 당시 초등학교를 다녔거나 교직에 계셨던 분이라면 기억하실 거예요. 열린 교육은 기존 교육의 규격화, 획일화에 반발하여 나온 용어입니다. 이 말이 유행하면서 흥미로운 일들이 많았는데요. 그 당시 일부 학교에서 이 '열린 교육'이라는 말을 아주 재미있게(?) 해석했습니다. 어떻게 해석했냐고요? 기존에 굳게 닫혀 있던 학교 문을 활짝, 교실 문도 활짝 열었어요. 누구나 들어올 수 있게요. 어떤 학교는 학교 담장을 무너뜨리기도 했습니다. (대구에서 시작된 '담장 허물기 사업'이 아닌, 실제로 학교 담장을 무너뜨린 사례를 말하는 것입니다.) 교실 벽을 무너뜨려 오픈 스페이스를 만든 경우도 있었지요. 나중에 그 부작용이 더 커서 다시 짓느라 고생한 학교도 있다고 들었습니다. 정말 씁쓸한 웃음이 나오는 일들이죠.

요즘 '하브루타'라는 말이 꽤 인기가 있는 것 같습니다. 사실 저는 하브루타 교육법을 그렇게 좋아하는 편은 아닙니다. 물론 교육에서 질문이 중요하다는 것은 정말 잘 압니다. '읽기 교육에서의 질문'을 주제로 학술 논문을 쓴 적도 있으니까요. 제가 걱정하는 부분은 오히려 하브루타라는 말이 유행하면서 생긴 역효과입니다. 이 역효과는 바로 질문에 답하지 못하는 아이들이 설 곳이 없어졌다는 겁니다.

어떤 교육 용어가 유행하면 그 말이 가진 표면적 의미만 인기가 있지, 내용은 제대로 해석되지 않는 경우가 많아요. 하브루타 교육은 결코 질문만 하는 그런 방법이 아니지요. 그런데 그렇게 변질되고 있다는 것이 문제입니다. 그래서 부모님들은 이런 교육적 유행의 문제점을 염두에 두어야 해요. 그리고 인기 있는 용어를 앞세워 자신의 교육 콘텐츠를 파는 사람들을 경계할 필요가 있습니다. 점잖게 말해서 '비전문가', 경박하게 말해서 '사기꾼'이 활동하기 쉬운 분야가 교육 분야거든요.

쓸데 없는 말도 들어 줘야 할까?

요즘 독서교육 관련 강의 콘텐츠들을 보면 아이와 책을 읽을 때 질문을 하라는 이야기, 대화를 시도하라는 이야기를 많이 합니다. 실제로 책을 읽고 소통하는 것은 정말 중요합니다. 책은 혼자 읽을 때보다 소통하며 읽을 때 그 내용을 더 깊고 넓게 이해할 수 있기 때문입니다.

그런데 부모의 입장에서 책을 읽으며 대화하기란 여간 어려운 것이 아니에요. 그래서인지 부모교육을 할 때 "대화 시도 자체가 안 되는데 어쩌죠?", "아이가 쓸데없는 말만 해도 다 들어 주어야 하나요?"와 같은 질문이 자주 등장하지요. 저도 무척 공감합니다. 저희 집에도 책을 읽어 주면 핵심 내용과 관련 없는 단어나 그림에서 연상되는 말을 자기 멋대로 하고, 엄마의 질문에는 관심도 없는 아이가 살고 있거든요. 다른 사람의 자식들(학생들)과는 대화가 그렇게 잘 통하고 즐거웠는데, 우리 아이와는 왜 이렇게 어려운 건지…. 다음은 제가 아이와 그림책《산타 할머니》를 읽으면서 한 대화입니다.

"(책을 읽어 주다가) 산타 할머니가 지금 뭐 타고 가고 있어?"
"산타 할머니! 할머니 좋아요."

주로 이런 식의 대화가 이루어질 때가 많아요. 아이는 질문의 뒷

부분은 듣지도 않고, 그러다 보니 예시와 같이 부분적인 단어에 반응하는 경우가 대부분이에요. 특히 언어 발달이 늦거나 집중력이 부족한 아이들은 일단 질문 자체를 이해 못하기도 하고, 예시의 대화처럼 조금만 주의를 기울이면 이해할 질문에도 부모가 무엇을 물어보든지 말든지 자기 생각에만 집중하기도 합니다. 아이가 저럴 때면 전문가인 저도 '대화는 무슨, 얼른 읽고 접자.' 이런 생각이 들어요.

어떤 분들은 다시 물어보고, 정답이 나올 때까지 여러 가지 방법으로 물어보기도 한다고 해요. 솔직히 이야기하면, 정답이 나올 때까지 집요하게 물어보는 것은 부모가 하기에 적절한 교육 방법은 아닙니다. 부모와 자녀는 기본적으로 정서적인 관계니까요. 그 점에서 선생님하고는 다르지요. 부모님이 선생님처럼 너무 집요하게 물어보면 책 읽기 시간에 대한 흥미가 떨어질 수도 있고, 아이와의 관계가 나빠질 수도 있으니 주의해야 합니다.

현명한 부모의 기술, 자문자답

아이와 대화가 통하지 않으면 어떻게 해야 할까요? 이럴 때는 혼자 북 치고 장구 쳐야 합니다. 자문자답하는 것이지요.

"(책을 읽어 주다가) 산타 할머니가 지금 뭐 타고 가고 있어?"

"산타 할머니! 할머니 좋아요."

"엄마도 산타 할머니가 좋아. 할머니가 자전거 타고 가고 있네. 정말 멋지다."

이렇게 아이의 대답을 받아 주며, 적절한 응답을 해 주면 됩니다. 수없이 자문자답을 하다 보면, 이야기를 듣던 아이가 어느샌가 제 답을 모델링해서 제대로 대답을 합니다. 그럴 때는 희열이 느껴져요. 그렇게 부모의 자문자답이 쌓이고 쌓이면 다른 책을 읽을 때도 전이*가 되고, 그러다 보면 스스로 질문을 만들 수 있는 나름 능숙한 독자로 자라 갈 거예요.

전이
어떤 학습의 결과가 다른 학습에 영향을 미치는 것을 말합니다. 아이의 수많은 독서 경험들이 아이가 스스로 다른 책을 읽을 때 영향을 줄 거예요. 아이의 향후 독서에 긍정적인 영향을 주고 싶다면, 독서 상황에서 무엇을 묻기만 하기보다 적절한 답도 많이 들려주세요.

그림책 추천

《산타 할머니》 진수경 글·그림 | 봄개울 | 2019

최근 몇 년간, 12월 크리스마스 시즌이 되면 늘 추천하는 그림책이에요. 《산타 할머니》는 할아버지만 산타가 될 수 있다는 편견을 이겨 내고 산타가 된 할머니의 이야기입니다. 산타 할머니와 함께 사는 할아버지는 요리 등 집안일을 즐기지요. 저희 아이는 이 책을 읽고 나서 크리스마스에

산타 할아버지가 오시는 게 아니라 산타 할머니가 오신다고 우기기도 했답니다. 성 역할의 고정관념을 깰 뿐 아니라, 중간에 다양한 모습을 한 산타들이 양면에 걸쳐 등장합니다. 이 장면의 그림을 아이와 함께 살펴보세요. 어떤 특징을 한 산타들인지, 내가 평소에 생각했던 산타의 모습과 어떻게 다른지에 대해서 이야기를 나눠 보세요.

이 책은 직업과 관련된 고정관념을 깨는 것에 더해, 노력의 아름다움도 느끼게 해 줍니다. 할머니가 꿈을 위해 노력하는 모습을 보면 아이도 자신의 꿈을 위해 노력해야 하는구나 느낄 수 있어요.

전두엽 발달에
필요한 것

책을 '함께' 읽어요

서울대학교 소아청소년정신과 김붕년 교수의 책《나보다 똑똑하게 키우고 싶어요》는 제가 개인적으로 육아하면서 도움받고 있는 믿을 만한 육아서입니다. 뇌 발달과 관련하여 육아에 대한 이야기를 아주 쉽게 풀어 주기 때문이에요. 이 책에서 4~7세는 자기 조절력이 발달하는 시기이며, 자기 조절 및 생각하는 힘과 관련된 전두엽의 발달이 이루어져야 한다고 설명합니다. 그리고 전두엽 발달을 위해서 필요한 것들로 잘 반복된 습관, 종합적이고 다양한 사고 등을 제시하고 있어요.

이러한 것들을 모두 아이와 함께 책 읽기를 통해 실천할 수 있어요. 예를 들어, 잘 반복된 습관은 매일 함께 책 읽기 시간을 갖는 것으로도 가능하지요. 책에서 여러 번 강조하고 있는 것처럼 매일 밥 먹고 양치질하는 것과 독서를 같은 수준으로 생각해 보세요. 책도 양치질하듯 매일 한 권씩 함께 읽는 거예요. 어느새 책 읽기 시간에 엄마, 아빠 옆에 딱 붙어 앉아 책에 집중하기 위해 자신을 조절하는 아이의 모습을 확인할 수 있어요.

이 책에는 전두엽 발달을 위한 행동으로 질문이 중요하다는 내용이 있어요. 아이에게 '사과의 색은 무엇이지?'라고 묻기보다, "색깔이 빨간 것은 무엇이 있을까? 엄마랑 주고받으며 이야기해 볼까?"와 같이 종합적이고 다양한 사고를 유도하도록 이야기를 나누어야 한다고 강조하지요. 이 책에서 말하는 '좋은 질문'은 제가 계속 강조하고 있는 상호 작용을 기반으로 한 대화 방법과 같습니다.

'취조'가 아니라 '대화'입니다

요즘 저희 아이가 완전히 매료되어 매일 읽는 그림책이 있어요. 안녕달 작가의 《할머니의 여름휴가》입니다. 이 책은 할머니와 강아지(메리)가 더운 여름날 방에 앉아 있는 모습으로 시작합니다. 할머니 앞에는 작은 선풍기가 하나 놓여 있지만, 선풍기 바람은 더위에 비해 너무 약해요. (앞 장에서 강풍 버튼이 고장 나서 약풍만 나오는 상황을 설명하고 있어요.) 더운 날인데 에어컨도 없고, 창문도 활짝 열려 있습니다. 할머니는 밥상을 차려 놓고도 밥에는 손을 대지 못하고 있고, 강아지도 지친 듯 할머니 옆에 앉아 있어요.

이 책을 가지고 계신 분이라면 해당 장면을 펼쳐서 아이와 함께 봐 주세요. 이 장면은 글이 없고 그림만 있어요. 이 책을 예로 들어, 대화가 아니라 부모가 일방적으로 책을 읽어 주고 질문한다면 다음과 같은 상황이 펼쳐지리라 예상해 볼 수 있어요.

부모 : (글자가 없는 장면을 보고 '여기는 읽을 게 없네'라고 생각한다.) 여기 누가 있지?

아이 : 할머니!

부모 : 할머니가 뭐 해?

아이 : (차려진 밥상을 보고) 밥 먹어. 시금치도 먹어.

부모 : (선풍기를 가리키며) 여기 이건 뭐야?

아이 : 선풍기.

부모 : 할머니가 왜 밥을 안 먹는 것 같아?

아이 : (할머니가 밥을 안 먹는지 몰랐다는 듯 어리둥절해한다.) 응?

부모 : 할머니가 밥을 안 먹고 있잖아. 왜 안 드실까? 잘 모르겠어?

아이 : (부모의 추궁에 도망가고 싶어진다.) 몰라요.

부모의 질문과 아이의 대답을 보면 모두 한 번 더 생각할 필요가 없는, 그림만 보면 바로 답이 나오는 것들입니다. 부모는 열심히 누가, 언제, 무엇을, 왜 했는지 꼼꼼하게 질문했기 때문에 아이와 충분히 상호 작용했다고 생각하겠지만, 실제로는 아이의 발달을 크게 돕지 못한 것이지요. 제 강의에서는 이런 대화를 '취조'라고 부릅니다. 취조는 범죄 사실을 밝히기 위해 혐의자나 죄인을 조사하는 것을 말하지요. 이렇게 강하게 비유할 정도로 절대 하지 않았으면 하는 방법입니다. 아이의 독서 동기가 이 순간 점점 망가지고 있다는 것을 충격적 어휘를 사용해서라도 알려드리고 싶어요.

다른 방식의 대화도 한번 살펴볼까요?

부모 : (미리 책을 읽어 봐서 그림의 중요한 부분을 알고 있다.) 할머니가 더워서 선풍기를 바람을 쐬고 있네. 할머니가 뭐 해?

아이 : (차려진 밥상을 보고) 할머니가 밥 먹어. 시금치도 먹어.

부모 : (웃으며) 오, 그러네. 할머니 밥상에 밥도 있고, 시금치도 있구나. 그런데 아직 안 드시는 것 같아. 너무 더워서 밥이 먹기 싫은 걸까? 밥을 하나도 안 드셨네.

아이 : (부모의 말이 맞다는 듯이 선풍기를 가리키며) 할머니가 선풍기 틀었어.

부모 : 그러네, 할머니가 더워서 선풍기 틀었네. 그런데 선풍기가 고장 나서(앞부분의 선풍기가 고장 났던 장면을 다시 보여 주고 돌아온다.) 시원하지는 않은가 봐.

앞 장의 대화에서 아이가 어떠한 사고를 하고 있는지 보이나요? 그림을 보면서 부모와 함께 할머니의 행동을 꼼꼼하게 읽고, 그 행동의 이유에 대해서 생각하고 있지요. 아이의 말을 보면, 아이가 그림 속 인물의 행동은 잘 읽을 수 있지만 왜 그런 행동을 하는지에 대해서는 생각하기 어려워합니다. 이때 부모가 아이와 함께 그림 속 단서를 찾아가며 할머니가 왜 밥을 안 먹는지 이유를 알아보고 있지요. 이러한 과정을 통해서 아이는 다양한 사고(내용 확인, 예상, 추론 등)하게 됩니다. 아이는 부모와의 대화, 부모의 읽기 방법(다시 살펴보기)을 통해서 인물의 행동과 그 이유에 대해서 생각하는 방법을 배우게 되는 것이지요.

위 대화는 사실 제가 아이와 나눈 대화를 담은 것입니다. 저희 아이는 스스로 질문을 만들기 어려워하는 아이지만, 위와 같은 방식으로 읽어 주는 사람과 상호 작용을 하며 다양한 사고를 경험할 수 있어요. 단순한 책 읽어 주기나 일방적 질문하기가 아닌, 이러한 상호 작용이 아이의 전두엽을 발달시키는 아주 중요한 방법이에요. 그렇다면 만약 아이가 스스로 질문을 잘하는 아이라면 어떨까요? 더 풍성한 책 읽기 시간이 될까요?

질문을 너무 많이 하는 아이

부모와 책을 읽으며, 아이들은 단어의 뜻부터 세부적인 인물의 행동이나 배경 그림과 관련된 다양한 질문을 수없이 하지요. 이때, 대부분의 부모들은 너무 많은 질문 때문에 독서의 흐름이 끊길까 봐 걱정하기도 합니다. 수많은 질문이 책 읽기 시간을 풍성하게 만든다고 생각하지는 않지요.

어른의 생각이 일부는 맞습니다. 이야기의 흐름이 끊어지는 것이 사실이니까요. 그런데 영유아기의 책 읽기는 흐름이 끊기는 것이 크게 문제가 되지 않습니다. 오히려 그 부분을 이해하지 못하고, 내용 이해가 제대로 되지 않은 상태에서 '끝까지 읽었으니 제대로 다 읽었다'라고 생각하는 것이 부모의 착각이지요.

이렇게 말하는 저도 그림책을 읽어 줄 때면, 끊지 않고 끝까지 읽어 주고 싶은 유혹에 자주 빠집니다. 식사 시간을 떠올려 보세요. 아이가 천천히 먹을 때, 식사를 즐기며 맛있게 먹기를 바라기보다 "(엄마 치우고 쉬게) 얼른 먹어라" 하는 것과 똑같달까요.

아이가 충분히 책을 즐기며 궁금증이 해결될 때까지, 인내심을 가지고 여러 번 반복해서 읽어 주다 보면 며칠 뒤에는 그 책을 끝까지 읽을 수 있을 겁니다. 물론 이런 독서가 열 번이 될 수도 있고 100번이 될 수도 있다는 게 문제이지만요. 이때 부모도 짜증 내지 않는, 정말 위대한 자기 조절력이 필요합니다.

어떤 책은 아이의 질문에 답하려면 끝까지 읽어야 할 때도 있을 거예요. 그런 질문이라면 아이에게 "이 책을 끝까지 읽으면 알 수 있어! 너무 궁금하지 않니?" 하면서 오히려 아이의 질문을 격려하고, 호기심을 증폭시킬 수 있답니다. 이러한 경험이 누적되면 완독할 수 있는 힘이 생기는 것이죠.

일방적 질문 대신 생각 나누기

저는 교사를 그만둔 후, 한국그림책학교에서 그림책 읽기를 잘하고 싶은 부모님들을 위한 교육을 담당하고 있어요. 제 강의의 주제는 '아이와 그림책 읽기'랍니다. 아이에게 그림책 '읽어 주기'가 아니라는 점을 주목해 주세요! 부모님들이 아이와 함께 읽는다는 마음으로 책 읽기를 하셨으면 하는 마음으로 지은 제목이에요.

이 강의에서 제가 항상 강조하는 것이 '아이에게 질문하지 마라'입니다. 정확하게 말하면 일방적으로 질문하지 말라는 뜻이에요. 아이에게 책의 내용이 무엇인지 묻기 전에 엄마가 먼저 자신의 생각에 대해 이야기를 나누어 주어야 합니다. 책을 통해 아이와 함께 이야기를 나눈다는 생각을 마음에 새기면, "사과의 색은 무엇이지?"와 같은 질문은 하지 않을 수 있을 거예요.

《할머니의 여름휴가》 안녕달 글·그림 | 창비 | 2016

몸이 아픈 할머니가 여름휴가도 떠나지 못하고, 선풍기의 약한 바람에 의지하며 홀로 집에서 더위를 식히고 있습니다. 그때 휴가를 다녀온 손자가 할머니에게 소라껍데기를 선물합니다. 할머니에게 바다를 선물하고 싶었다고요. 할머니는 그 소라껍데기를 통해 바닷가로 여행을 떠날 수 있게 됩니다. 환상 세계로 들어가는 것이지요.

해리포터 시리즈를 본 적 있나요? 해리포터가 9와 4분의 3 승강장에서 환상 세계인 호그와트로 가게 되는 것처럼 할머니도 소라껍데기를 통해서 바닷가로 여름휴가를 떠나게 되는 것이 이 그림책의 매력입니다. 아이가 책의 내용을 잘 이해한다면, '나라면 무엇을 통해서 어디로 떠나고 싶은지'에 대해서도 이야기하면 좋아요.

아이가 이 책의 내용을 잘 이해하지 못할 수 있어요. 소라껍데기로 들어가는 것 자체가 말이 안 된다고 생각하는 아이들이 있거든요. 그런 경우에는 그림책이 작가의 상상으로 만들어진 이야기일 수도 있음을 알려 주셔도 좋아요.

스킨십이 필요해

독서와 스킨십의 연관성

〈집사부일체〉라는 프로그램에서 뇌과학자인 정재승 교수가 뇌의 노화를 막는 것은 '운동'이라고 밝혀 많은 사람들의 흥미를 끈적이 있습니다. 그런데, 이는 어른에게만 해당되는 내용이 아니에요. 아이들도 신체를 사용하면 인지 발달이 촉진된다는 연구들을 종종 찾아볼 수 있습니다. 그중 한 가지, 부모와 자녀의 스킨십에 대한 이야기를 하려고 합니다. 어린아이들과 양육자의 스킨십은 아이들이 언어 자극을 더 잘 받아들이게 하는 데 도움이 되거든요.

저희 아이가 책 읽기 시간을 싫어하고 도망가던 때, 이 방법 저 방법을 써도 그다지 효과가 없어서 묘책이 없을까 무척 고민하고 있던 때였습니다. 그날도 아이가 잘 쳐다봐 주지 않아도 혼자서 북 치고 장구 치며 그림책을 읽고 있었어요. 곤충에 대한 책이었는데 거미가 나오더라고요. 거미를 보니 문득 아이가 좋아하는 '거미가 줄을 타고' 노래가 생각이 나서 노래를 부르며 손가락으로 몸을 타고 올라가는 간지럼 종류의 스킨십을 해 주었습니다. 그러자 아이가 깔깔 즐거워하더니, 책에 관심을 보이는 것이 아니겠어요? 그 순간, '아, 이거다!' 싶었지요.

저는 그림책 읽기를 할 때 아이를 안아 주고 읽는 등 편안한 분위기를 위해 노력했지만, 즐거운 스킨십 놀이를 하는 것은 오히려 몰입에 방해가 될 것 같다고 생각했었습니다. 그런데 깔깔 웃으며 신나게 신체 활동을 하고 난 뒤에 책을 읽어 주자 오히려 집중력이 높아졌지요. 게다가 '거미=재미있음'으로 인식되었는지, 무척 즐거운 책 읽기 시간이 진행되었습니다. 앞서 소개한 김붕년 교수의 책에도 아이들의 자기 조절력은 충분한 신체 활동에서 나온다는 설명이 있었는데, 이를 실제로 경험한 날이었어요.

백허그의 마법

다른 사람이 읽어 주는 책에 잘 집중하지 못하는 아이라면, 백허

그 자세를 추천합니다. 읽어 주는 사람이 양반다리 자세를 하고 자신의 가슴에 아이의 등이 닿게 하는 백허그 자세로 읽어 주는 거예요. 아이가 도망가려고 할 때 약간 꽉 안아 준다는 느낌으로 잡고 읽어 줘도 좋답니다. 그림책에 의성어, 의태어가 나오면 그 말에 적절하게 몸을 흔들흔들 흔들고 간지럼도 태워 보세요. 마치 4D 영화관에서 영화를 보는 것처럼 아이가 흥미롭게 책의 내용에 집중할 수 있어요. 과학적으로 입증된 방법이랍니다.

항상 아이를 백허그 자세로 안고 읽어야 하는 것은 아닙니다. 자세에 따라 효과가 다를 수 있기 때문에 다음 세 가지 자세를 참고하여 아이와 함께 다양한 자세로 책 읽기 시간을 꾸려가 보세요.

아이와 함께 책 읽는 세 가지 자세

1. 마주 보기 - 말이 느린 아이에게 좋아요

 만약, 말이 조금 느린 아이라면 읽어 주는 사람의 입 모양을 보는 것이 중요해요. 따라서, 부모와의 책 읽기 시간에 어느 정도 익숙해졌다면 마주 보는 자세로도 읽어 주세요. 책을 아이 방향으로 두고 천천히 발음해 주면 아이가 부모의 입이나 그림 중 어디를 봐도 이야기를 쉽게 이해할 수 있어요.

2. 백허그 하듯 무릎에 앉히기 - 스킨십을 나누기에 좋아요

 의자가 흔들리는 영화관에 온 것처럼 온몸을 흔들면서 읽어 주고 싶은 책일 때 추천하는 자세입니다. 아이가 자리에 잘 앉아 있지 못하거나, 불안이 높은 경우에도 좋은 자세입니다. 부모의 따뜻한 마음을 자연스러운 자세로 전해 보세요.

3. 나란히 앉거나 눕기 - 편하게 읽기 좋아요

 보통 부모님들이 아이와 책을 읽을 때 많이 하는 자세입니다. 책을 미리 읽어 보지 않아도, 아이와 같은 방향으로 읽기 때문에 편리해요. 잠자리 독서를 하거나 아이가 커서 무릎에 앉히기 부담스러울 때도 좋지요. 독서대 등을 활용해 더 편하게 읽어도 좋습니다.

Only one(딱 한 권)
전략

자유 독서의 즐거움

지금까지 제가 소개한 읽기 방법은 '부모 주도로 책을 읽게 하라'는 뉘앙스가 묻어나는 내용이 많지요. 그런데 '부모 주도' 라는 말에 오해가 있을까 염려되기도 합니다. 왜냐하면, 이 책을 읽는 여러분도 잘 아시다시피 자유롭게 책을 읽는 것이 또 다른 면에서 정말 중요하기 때문이에요.

자유 독서의 가치는 책을 좋아하는 분이라면 누구나 느끼고 있을 겁니다. 재미있는 책을 만나 몰입해 본 경험을 가지고 있는 사람이라면, 독서가 어떻게 오랜 시간 많은 이들의 취미로 사랑받고 있는지 이해할 수 있어요.

독서교육과 관련해서, 많은 선생님들과 부모님들이 "아이들이 만화(특히 학습만화)만 많이 봐도 괜찮나요?"라고 묻는 경우가 많습니다. 만화책의 가장 큰 장점은 쉽게 이해되고, 그래서 쉽게 몰입할 수 있다는 점이지요. 아이가 책에 대해 몰입 경험을 갖는 것은 책의 종류를 가리지 않고 좋은 일입니다. 그렇지만, 우리가 독서를 하는 이유는 즐거움이나 몰입 경험 외에 다양한 이유가 있어요. 읽기를 잘하는 아이들은 학교에서 공부할 때 적어도 교과서를 이해하지 못해서 괴로울 일은 없을 것입니다. 어떤 과목이든 스스로 공부할 힘, 자기주도학습 역량도 생기지요. 나중에 성인이 되어서도 내가 필요할 때 적절한 글을 찾아 읽을 수 있고, 이해해서 삶에 적용할 수 있을 것입니다. 이해한 것을 바탕으로 먹고살 방법도 생기고, 더 나아간다면 새로운 것을 창조하는 힘도 얻게 되지요.

그렇기 때문에 우리는 독서를 '즐거움'이라는 관점에서만 접근할 수가 없습니다. 그러나 독서에서 즐거움을 뺀다면 초등 중학년 이상까지 독서 흥미를 유지하는 것이 정말 어렵습니다. 그러므로 여러분에게 'Only one(딱 한 권)' 전략을 제안해 봅니다.

조금씩, 천천히 독서 주도권 넘기기

제가 제 아이를 키우면서도 매일 실천하고 있고, 부모교육을 할 때도 항상 강조하는 것이 '하루에 딱 한 권만 부모 주도로 읽기'입니다. 그리고 나머지 시간은 자유 독서를 할 수 있도록 보장해 줄 것을 강조합니다. 이러한 습관은 본격적으로 함께 읽기를 시작하는 유아기부터 초등학교 저학년까지 유지하면 좋아요.

초등 중학년이 되면 글이 길어지고, 책을 선택하는 과정이 천천히 아이 주도로 변화하기 시작해야 합니다. 글이 길어지면 하루 한 권 읽기가 불가능해지므로, 독서량은 한 주에 1~2권 정도로 유지하기를 권합니다. 아이가 고학년이 되면 최대한 스스로 책을 고르게 하면서, 읽을 양에 대해서 조언해 주는 정도의 역할을 해 주세요. 그리고 아이가 중학생이 되면 스스로 할 수 있도록 하는 것을 추천합니다. 부모님이 아이가 고른 책을 함께 읽는다면 더욱 좋겠지요. 물론 아이에 따라서 고학년도 중학년 정도의 가이드가, 중학생도 초등학교 고학년 정도의 도움이 필요한 경우가 있으므로 아이에 맞추어야 해요. 핵심은 아이에게 천천히, 조금씩, 꾸준히 독서의 주도권을 넘긴다는 것에 있습니다.

아이에게 주도권을 넘긴다는 것은 책 선택의 주도권, 읽기 방법의 주도권 등 독서와 관련된 모든 것을 말합니다. 심지어 전혀 읽지 않는 것도 포함입니다. 아이가 무엇을 읽든지, 어떻게 읽든지, 읽지 않든지 그에 대해 평가하는 말을 한다면 자유 독서가 아니겠지요.

그 대신 독서교육을 위해 아이와 하루에 한 권씩 책을 읽을 때는 이 책에 소개된 대화 방법을 활용하며 이끌어 주세요. 책을 정하고, 그 책을 어떻게 읽는지 부모님이 먼저 독서 과정을 보여 주세요. 이런 식으로 독서 습관을 만들어서 아이가 10대, 20대, 30대가 되어도 책을 놓지 않도록 만드는 것이 저의 작지만 위대한 목표입니다. 그래서 오늘도 아이와 함께 책을 읽고 있답니다.

물론 열정 가득한 부모님 입장에서는 하루에 한 권만 읽어 준다는 것이 성에 차지 않을 수도 있습니다. 하지만 책 읽기의 즐거움을 해치지 않으면서 아이에게 독서의 방법을 보여 주기에(가르친다기보다 내가 독서하며 생각하는 방법을 보여 준다는 느낌으로) 꽤 괜찮은 비율입니다. 독서 능력이 좋은 아이는 물론이고, 독서 능력이 약한 아이라고 해도 Only one(딱 한 권) 전략을 몇 개월만 진행해 보면 생각보다 크게 달라질 거예요. 이 전략은 너무나 평범해서 가장 무섭고 강한 방법입니다. 매일 한 권이 쌓이면 엄청난 양이 되니까요.

책을 처음부터 끝까지
읽어야 하나요?

모든 책을 끝까지 읽으려고 하면 아이도 부모도 힘들어지고, 독서에 대한 흥미를 잃고 맙니다. 그렇지만 끝까지 읽는 힘도 매우 중요하기 때문에 많은 분들이 고민하실 거예요. 저는 책의 종류를 구분하여 접근하기를 추천하고 있습니다. 책에 따라 끝까지 읽어야 하는 책과 그렇지 않은 책이 있거든요.

이야기책은 처음부터 끝까지 읽는 경험을 바탕으로 이야기의 흐름과 인물의 감정 변화 등을 알아가는 것이 중요하기 때문에, 가능하다면 책을 끝까지 읽는 것이 좋아요. 하지만 정보책은 다릅니다. 지식책이라고도 불리는 정보책은 읽기 중에 아이가 흥미를 보이는 부분, 알고 싶어하는 내용을 찾아 다른 부분을 건너뛰어도 괜찮아요. 원하는 부분만 집중해서 읽어도 의미있는 독서가 된답니다. 아이의 흥미를 따라가며 같이 읽고 이야기를 나눠 보세요.

이야기책을 읽을 때

"이 책을 엄마가 먼저 읽어 봤는데, 끝까지 읽으면 마지막에 재미있는 책이더라고. 우리 조금만 참고 끝까지 볼까?"

정보책을 읽을 때

"이 부분을 계속 읽고 싶구나? 어떤 부분이 재미있는 건지 아빠한테도 알려 줘."

해독과 이해

요즘 문해력(리터러시, 문식성)이라는 용어가 부모님들 사이에 꽤나 알려지기 시작한 것 같습니다. 강의 중 문해력 키우기에 대해 다루어 달라는 요청이 꽤 많이 들어오고 있거든요.

일부 문해력 관련 프로그램에서 유아들에게 "다음 중 첫소리가 다른 낱말은 무엇일까?"라고 질문해서 이슈가 된 적이 있습니다. '너무 어려운 질문이다', '아이가 그런 것을 알아야 하는가' 하는 의견이 나왔지요. 질문이 어려웠다는 것에는 저도 동의하지만, 왜 이렇게 질문했는지에 대해서는 납득할 수 있었습니다. 한글 학습의 전 단계로 아이가 소리를 구분할 수 있는지 확인하는 과정으로 보였거든요.

일반적으로 많은 사람들이 해독과 이해를 구분하지 않고, 그냥 책을 읽어 주면 된다고 생각합니다. 그리고 한글 학습이 아이들의 독서 능력을 기르기 위한 '시작'이라고 생각하지요. 그러나 한글 학습을 시작하기 위해서는 그보다 기초적인 능력이 필요합니다.

유아기의 자녀에게 책을 많이 읽어 주어야 하는 이유는 기본적으로 이해 능력을 키워 주기 위해서입니다. 스스로 읽을 수는 없기 때문에 독해는 아니지만, 듣고 내용을 이해하는 '청해 능력'을 키워 주는 것입니다. 앞서 이야기한 것처럼 아직 어려서 한글을 읽을 수 없어도, 꾸준히 어른이 읽어 주는 책의 내용을 이해하는 연습은 초등 중학년 이후의 독해 능력에 좋은 영향을 미칩니다. 이와 관련된 다양한 연구들도 보고되고 있어요.

여기서 헷갈릴 수 있는 부분은, 부모가 책을 많이 읽어 주고 아이가 책의 내용을 듣고 이해한다고 해서 글 깨치기가 자동으로 이루어지는 것은 아니라는 점입니다. 독서 연구자들이 '유아기 부모와의 책 읽기 활동'과 '초등 저학년 시기 해독 능력(글 깨치기)' 사이의 관계를 밝히려고 했지만, 아직까지 직접적인 관계가 밝혀지지 않았어요. 반면, 앞서 여러 차례 언급한 것처럼 유아기 부모와의 책 읽기 활동은 초등 저학년 아이들의 어휘력 및 청해력 발달과 관련이 있고, 초등 저학년 시기의 어휘력과 청해력은 초등 3학년 아동의 읽기 능력과 직접적인 연관이 있음이 밝혀졌다고 합니다. "책을 많이 읽어 주었는데 한글을 못 깨치네요. 따로 가르쳐야 하나요?"라는 질문에 "당연히 한글은 따로 가르쳐야 합니다"라고 답할 수밖에 없는 이유가, 이렇게 연구로 증명이 되어있답니다. '한글 학습'과 '청해 능력 기르기' 이 두 가지를 구분해서 지도할 때, 유아기의 독서교육을 제대로 해 나갈 수 있습니다.

문해력을 키우는 책육아의 힘

3장

무엇을 읽어야 할까?

독서와 텍스트

전집의 유혹

엄마와 아빠를 유혹하는 편리함

저는 제 친구들보다 조금 늦게 아이를 낳아서, 아이가 태어난 후 많은 전집을 물려받거나 선물받았어요. 독서교육 전공이긴 했지만 솔직히 출산 전에는 전집에 크게 관심이 없었습니다. 그런데, 이미 많은 그림책을 알고 있던 저도 눈이 휘둥그레질 정도로 전집의 종류가 정말 다양해졌더라고요. 그렇게 저도 모르는 사이에 다양한 전집의 세계로 슬며시 발을 들이게 되었습니다.

아이를 낳고 만난 전집은 정말 매력적이었어요. 우선 책을 한 권한 권 고를 필요가 없다는 것이 큰 장점이었습니다. 전집 종류를 일단 결정하면, 30~40권의 책이 바로 책꽂이에 꽂혔으니까요. 아이도 재미있어하는 것처럼 보였고, 저를 대신해 기계가 읽어 주기도 하니 정말 편하게 느껴졌어요. 기존에 친구들의 자녀가 책 읽어 주는 펜을 사용하는 것을 보아서 그런 것이 있다는 사실을 알고는 있었지만, 실제로 사용해 보니 실감 나는 음향 효과와 아름다운 목소리에 완전히 유혹당했습니다. 안 그래도 힘든 육아 중에 아이가 읽을 책까지 고르고 또 직접 읽어 주어야 한다는 스트레스에서 벗어날 수 있으면서도, 유튜브를 보여 주는 것처럼 죄책감은 들지 않는다니! 너무 마음에 들었지요.

게다가 아이의 연령, 심지어 월령에 맞추어 추천해 주기 때문에 마치 이 월령에 이 전집을 보여 주지 않으면 문제가 생길 것만 같은 느낌이 들었어요. 가만히 앉아 있어도 '돌에 읽어야 하는 전집', '16개월에 들이면 좋은 전집' 등 다양한 광고가 눈에 띄었고 저는 결제만 하면 되었지요. 주제도 얼마나 엄마가 바라는 주제로만 엄선되어 있는지 모릅니다. 아이가 말을 듣지 않을 때는 인성 동화, 수數 개념이 필요하면 수 전집, 한글을 자연스럽게 노출하고 싶으면 한글 전집…. 전집의 세계는 정말 무궁무진했습니다.

저는 그림책을 정말 좋아합니다만, 이렇게 편한(?) 전집의 유혹을 뿌리치기가 어려웠어요. 특히 영아기 보드북은 종이 찢기를 좋아하는 아이가 책을 찢을 수 없게 하는 아주 좋은 재질이었지요. 돌 정도의 아이를 대상으로 하는 유명한 전집은 중고로 구입하기도 쉬워서 금액도 저렴했고, 여러모로 정말 편했습니다. 편리한 것은 그만큼 중독되기도 쉬워요. 어느 순간 더 저렴하게 살 수 있는 영업 사원을 찾아 적극적으로 전집을 구매하기 시작했으니까요.

전집의 유혹에서 벗어나다

전집을 읽으면서 책에 대한 아이의 흥미가 떨어졌다는 것을 저는 조금 늦게 눈치챘습니다. 한 세트가 20권이라면 세부 주제만 살짝 다르고 형식은 20권 모두가 다 비슷비슷한데, 아이가 한 권도 빼놓지 않고 고르게 볼 수 있을까요? 20권 중에서 한두 권만 읽어도 재미가 없다고 느끼는 게 지금 생각해 보면 이상한 일은 아니었던 것 같아요. 그리고 어떤 전집은 아이가 무척 좋아했지만, 어떤 전집은 완전히 손도 대지 않아서 거의 새 책이 30~40권씩 그냥 꽂혀있기도 했고요. 지금 생각해 보면 그렇게 새 책이 방치되어 있는데 저조차도 한번 읽어 볼 생각을 안 했다는 게 더 문제였던 것 같습니다.

어느 날 문득 쌓인 새 전집을 바라보다가 '나는 왜 이렇게 나한테도 재미없는 책을 아이에게 읽어 주려고 노력하고 있을까?' 하는 생각이 들었어요. 그리고 과감하게 치워야겠다는 생각이 들었지요. 그날 거의 300~400권 정도의 책을 처분했습니다. 어느 순간부터는 세어 보지 않고 치웠으니 어쩌면 더 많았을 수도 있어요. 그리고 그 뒤로 전집을 단 한 번도 사지 않았고 물려받지도 않았습니다. 그리고 아이와의 독서를 단행본 그림책 위주로 바꾸었어요. 아이를 기관에 보내고 나서 혼자 근처 도서관에 들러 그림책을 여러 권 훑어 보고, 그중에 마음에 드는 책을 사진으로 기록했습니다. 기록한 책을 바탕으로 새 그림책을 사기도 하고, 중고 그림책을 사기도 했지만, 구매에 실패한 적은 없습니다. 그렇게 시중에 나온 그림책을 한두 달 기준 5~6권 정도 사서 여러 번 읽어 주었고, 그러다 보니 저도 어느새 그림책이 더 좋아졌어요. 어떻게 구매에 실패하지 않을 수 있냐고요? 그 비결은⋯ 바로 제가 좋아하는 그림책이니까요. 설령 아이가 읽지 않았다고 해도 엄마인 제가 독자로 즐겁게 읽었으니 일단 구매 실패는 아니었습니다.

참 신기한 것이, 영유아기 아이들은 엄마가 좋아하는 것을 아이 본인도 결국 좋아하게 되는 경우가 많습니다. 제가 먼저 아이에게 어떤 그림책에 대해서 이야기하고 거실 탁자에서 혼자 읽기도 하자, 결국 아이도 그 책에 관심을 보이고 함께 읽게 되더라고요. 저는 아이에게 읽어 주기 전, 혼자 그림책을 읽으면서 '아이와 이런 이야기를 나누어 봐야지' 생각하는 것도 즐거웠습니다. 그렇게 그림책을 읽는 시간 자체가 저에게도 독서의 기쁨을 주었어요.

생각하는 힘 기르기

언젠가 한 번은 아이가 제가 아끼는 그림책을 찢어 놓은 적이 있었어요. 저도 모르게 눈물이 막 나왔지요. 그렇게 글썽거리며 아이에게 엄마가 아끼는 책이 찢어져서 너무 속상하다고 이야기했습니다. 그랬더니 아이가 그 뒤로 책을 찢지 않는 거예요! 그전에는 아무리 찢지 말라고 말해도 찢었었거든요. 그리고 아이도 그 책을 꽤 좋아하게 되었습니다. 진심은 정말 통하는구나 싶었던 경험이에요.

이렇게 제가 발견한 그림책의 재미가 아이에게 잘 전달될 때도 있지만, 어떨 때는 전혀 전달되지 않아서 관심도 받지 못하고 대화가 잘 이루어지지 않기도 해요. 그럼에도 제가 좋았던 것을 나누고 싶은 마음을 전달하고, 아이와 함께 취향에 대해서 이야기를 나눌 수 있으니 그 또한 '생각하는 힘'을 기르는 활동이 아닐까요?

"엄마는 이 그림책이 참 좋아. 왜냐하면 모모와 토토가 처음에는 너무 달라서 싸웠지만, 화해하면서 서로를 더 잘 이해하게 되고 더 친해진 것 같아서. 너는 이 그림책 어때?"

《모모와 토토》 김슬기 글·그림 | 보림 | 2019

아이가 찢어서 제가 속상해했던 바로 그 책입니다. 거창하진 않지만, 사람과 사람 사이의 예의에 대한 이야기인지라 친구 사이에도, 부부 사이에도, 자식과 부모 사이에도 모두 적용되는 좋은 이야기입니다.

모모와 토토는 친구 사이입니다. 모모는 토토가 좋아서 선물도 주고, 토토가 쇼핑을 할 때 같이 가기도 하고, 취미 생활도 함께하고 싶어 합니다. 그런 관심에도 토토는 화가 나서 '너랑 놀지 않겠다'라는 내용의 쪽지만 남기고 가 버립니다. 모모는 토토의 마음을 돌리기 위해 친구들을 찾아다니며 물어보면서, 자신이 너무 자신의 취향을 고집했다는 것을 깨닫지요.

이 책은 모모의 상징색인 노랑과 토토의 상징색인 주황을 사용해서 이야기를 풀어 가고 있기 때문에 그림 읽기의 재미를 느낄 수 있는 책입니다. "모모는 무슨 색을 좋아하지?", "토토는 무슨 색을 좋아하지?", "토토는 왜 화가 났을까?" 이런 이야기를 나누면서 아이와 함께 읽어 보세요.

이야기책의 힘

〈빨강 머리 앤〉으로 보는 이야기의 힘

저는 앞에서도 이야기했지만, 〈빨강 머리 앤〉을 참 좋아합니다. 혹시 '빨강 머리 앤'을 책이나 만화 영화로 보신 적이 있다면, 이야기 초반에 앤이 초록 지붕 집에 오게 되는 사연을 기억하실 거예요. 초록 지붕 집의 주인이자 앤에게 엄마와 같은 역할을 해 주는 마릴라는 사실 오빠의 일을 도와줄 남자아이를 고아원에 부탁했지만, 소통 오류로 여자아이인 앤이 집에 오게 되지요. 마릴라는 앤을 돌려보내기 위해 마차에 태우고 고아원에서 아이들의 집을 찾아 주는 일을 돕는 사람을 찾아갑니다. 앤은 하루 사이에 천당과 지옥을 오가게 되지요. 자신이 살 집을 찾은 줄 알았는데, 알고 보니 자신을 원하지 않는다는 것을 알게 되었으니까요.

아무튼, 마릴라는 앤과 함께 마차를 타고 가면서 앤에게 어떻게 해서 고아원에 가게 되었는지, 부모님은 어떤 분들인지에 대해서 묻습니다. 아마도 앤과 함께하고 싶은 마음이 조금은 있었겠지요? 처음에 앤은 말하기를 거부하지만, 이윽고 마음을 고쳐먹고 마릴라에게 자신의 짧지만 고된 인생에 대해 이야기하기 시작합니다. 어린 앤은 스펙터클하다고 표현해도 될 만큼 여러 어려움을 겪었고, 그 이야기를 들은 마릴라의 마음은 크게 동요하지요.

여기서 저는 이야기의 힘을 느꼈습니다. 갑자기 무슨 말이냐고요? 아시다시피 앤은 정말 말을 잘하는 아이입니다. 그래서 자신의

과거사를 단순히 정리해서, "부모님은 일찍 돌아가셨고, 여러 집 일을 도우며 살다가 고아원에 가게 됐어요"라고 말하지 않습니다. 마치 소설 속 이야기처럼 흥미롭게 풀어내지요. 앤의 이야기를 들은 마릴라가 크게 마음이 동요한 것을 보면 진실한 이야기의 힘이란 대단하구나 느낄 수 있습니다.

그리고 지금 제 설명에 동의하며 고개를 끄덕이고 계신다면, 역시 〈빨강 머리 앤〉의 힘이겠죠? '이야기의 힘은 대단하구나' 하고 인정하지 않을 수 없을 거예요.

이야기는 어떤 힘을 가지고 있을까?

이야기의 힘은 구체적으로 어떤 것일까요? 우선, 많은 이야기를 가지고 있는 사람들은 삶에서 다가오는 많은 선택들에 당황하지 않습니다. 내가 가지고 있는 수많은 이야기들 속에서 다양한 삶의 모습을 미리 보았기 때문이지요. 이야기를 많이 가지고 있는 사람들은 나의 이야기 서랍에서 소중히 보관해 온 이야기들을 꺼내어 보며 나의 선택과 앞으로 다가올 삶을 그려볼 수 있어요. 이야기의 힘은 위기가 다가왔을 때 대처하는 능력으로도 나타납니다. 이야기에는 늘 어려움, 위기가 담겨 있기에 이야기 속 다양한 인물들이 위기를 어떻게 극복하는지 자연스럽게 익히기 때문입니다.

또, 이야기를 많이 가진 사람들은 다른 사람을 이해하는 힘이 강해집니다. 이야기 속의 인물 중에서는 나와 비슷한 사람도 많지만 나와 다른 사람들이 많이 존재하고, 내용을 읽어 나가면서 그들에게 각자의 속사정이 있음을 알 수 있으니까요. 이 세상의 수많은 그림책들은 저마다의 이야기를 가지고 있습니다. 그러므로 다양한 그림책을 읽은 아이들은 그만큼 다양한 이야기들을 모으게 됩니다.

마지막으로 이야기는 아이들이 창의적인 사고를 할 수 있도록 도움을 줍니다. 지금의 4차 산업 혁명 시대는 창의력 없이 살아가기 어려운 시대라고들 합니다. 다양한 이야기의 창의적인 내용을 접한 아이들은 창의적으로 생각하는 법을 배우게 되기 때문에 이보다 좋은 창의력 교육도 없지요.

이야기는 아이를 어떻게 바꿀까?

1. 선택을 잘하는 아이
2. 다른 사람을 잘 이해하는 아이
3. 창의적인 생각을 잘하는 아이

아이들이 좋아하는 이야기

아이들은 사건이 선명한 이야기를 좋아합니다. 아이들은 이야기가 모호하면 일단 어렵다고 생각하기 때문이에요. 어릴수록 어려운 글을 만나면 '재미없다'고 표현하지요. 그렇기 때문에 이야기 속 사건이 최대한 선명한 것을 선택합니다. 간단한 사건이지만 극적인 사건, 이런 이야기가 어린아이들에게 재미를 줍니다. 예를 들어, 《치과 의사 드소토 선생님》에서는 생쥐이자 치과 의사인 드소토 선생님에게 이가 아픈 여우가 찾아옵니다. 드소토 선생님은 위험을 무릅쓰고 여우의 이를 고쳐 주는데, 여우는 이를 다 고치고 나면 드소토 부부를 잡아먹어야겠다고 마음먹어요. 이를 알아차린 드소토 부부는 꾀를 내어 여우의 턱을 꽉 붙여 버렸다는 이야기예요. 이렇게 몇 문장만으로 사건이 선명하게 전달되는 이야기가 바로 아이들이 이해하기 좋은 이야기지요.

어릴수록 더 간단하게 사건을 전달할 수 있으면 좋아요. 《달님 안녕》, 《사과가 쿵!》 같은 그림책이 아이들에게 인기 있는 이유가 있습니다. 저희 아이도 세 살 무렵 《달님 안녕》에 빠져, 정말 만 번은 읽어 준 것 같아요. 글자는 진작 외우고, 달님의 표정을 따라하며 즐거워하던 기억이 생생하네요.

조금 더 큰 아이들에게는 역시 '반전이 있는 이야기'가 인기 있어요. 아이들은(사실 어른들도) 기대하지 않은 사건이 갑자기 등장

할 때 재미있어합니다. 《이파라파냐무냐무》 같은 작품이 바로 반전이 주는 즐거움이 있는 작품입니다.

마시멜로가 사는 평화로운 마을에 어느 날 천둥 같은 소리가 들려옵니다. 이파라파냐무냐무… 이파라파냐무냐무…. 소리를 따라가 보니 산만큼 큰 덩치의 시커먼 털북숭이가 있었어요. 대체 무슨 소리일까요? 냐무냐무? 냠냠? 잡아먹겠다는 말일까요? 마시멜로들에게 감정을 이입한 아이들은 점점 긴장하게 되지요. 마지막에 밝혀진 이 소리의 정체는 그저 이가 아픈 털북숭이가 "이빨 아파, 너무너무"라고 하는 소리였답니다. 소리의 정체를 알게 된 순간 마시멜로들과 이 책을 읽는 아이들의 긴장감은 확 풀리고, 아이들은 이야기의 즐거움을 느끼게 됩니다.

이런 반전의 재미가 담긴 그림책은 선명한 사건 속에서 예상한 대로 결론을 향해 치닫는 듯 보입니다. 그러다가 갑자기 다른 결론을 내어 아이들을 즐겁게 해 주지요. 이런 책들을 긴장감 있게 읽어 주면 아이들에게서 "오!" 하는 반응이 나온답니다.

그림책 추천

《치과 의사 드소토 선생님》 윌리엄 스타이그 글·그림 | 비룡소 | 1995

치과 의사 드소토 선생님은 생쥐입니다. 그렇다 보니 자신을 잡아먹을 수 있는 동물들은 치료하지 않지요. 그러던 어느 날 여우가 너무 이가 아프다며 자신을 치료해 달라고 합니다. 드소토 선생님은 망설이다가 그의 청을 수락합니다.

아이와 함께 읽을 때 여기, 이를 치료해 주기로 결정하는 부분에서 한 번 멈추세요. 그리고 아이에게 물어보세요. "드소토 선생님과 여우는 어떻게 될까?" 아이가 이야기의 끝을 예측하는 연습을 할 수 있게 도와주는 거예요. 부모님도 예측해서 아이와 생각을 나누는 것, 잊지 마세요.

《달님 안녕》 하야시 아키코 글·그림 | 한림출판사 | 1990

누군가 갓 태어난 아기에게 선물해 주고 싶은 그림책을 물어보면 저는 바로 이 책이라고 대답합니다. 아이와 함께 달님의 표정도 따라하고, 보이지 않는 사람들의 표정도 상상해 보세요.

《이파라파냐무냐무》 이지은 글·그림 | 사계절 | 2020

2021 볼로냐 라가치상 코믹스 부문에서 수상한 작품답게 재미있습니다. 아이에게 '이파라파냐무냐무'라는 말을 따라하게 하고, 이야기 중간쯤 책 읽기를 멈추고 괴물의 정체가 무

엇일지 생각해 보도록 하면 훨씬 더 흥미진진하게 읽을 수 있어요.

정보책의 재미

새로운 지식을 얻는 책

대부분의 아이들이 그렇듯이 저희 아이도 동물이 나오는 책을 좋아합니다. 요즘은 돌고래 책을 자주 들여다보고 있어요. 전에는 판다였고, 그 전에는 물고기였지요. 아이들에게 자연은 그 자체로 흥미로운 호기심 대상이니까요. 식물이 나오는 책도 좋아합니다. 딸기, 토마토처럼 자신이 좋아하는 열매가 나오면 몇 번이고 다시 보고 재미있어하지요. 딸기에 씨가 있다면서 재미있어하던 어릴 때의 아이 표정이 잊히지 않아요. 새로운 것을 알고 신기해하는 아이의 표정은 너무 귀엽습니다.

제가 학교에서 아이들을 가르치면서 가장 안타까웠던 것 중에 하나가 아이들이 정보책의 재미를 잘 모른다는 점이었어요. 정보책 읽기의 가장 큰 재미는 역시 새로운 지식을 알아간다는 점이고, 아이들이 어릴 때는 '새로운 지식을 아는 것이 재미있다'라고 자연스레 생각하는 편입니다. 초등학생이 될 때까지 이 생각이 유지되지 않는다는 점이 늘 안타까웠지요.

취학 전 아이들이 이야기책과 함께 다양한 정보책을 접하면서 책을 통해 새로운 지식을 알아가는 재미를 지속할 수 있으면 좋겠습니다. 그러려면 아이들과 정보책을 읽을 때 꼭 주의해야 할 점이 있어요. 과연 무엇일까요?

부연 설명하지 않기

재미있는 연구가 하나 있어요. 유아를 키우는 부모님들에게 책을 읽어 주게 하고, 대화를 녹화해서 분석한 연구예요. 다른 것은 제한을 두지 않았지만, 책의 종류를 다르게 하도록 했습니다. 한 번은 이야기책, 한 번은 정보책을 읽고 이야기를 나누도록 한 것이지요. 그렇게 아이와 부모가 나눈 대화를 분석한 결과는 어땠을까요? 이야기책을 읽을 때보다 정보책을 읽을 때 부모의 언어량이 훨씬 많았어요. 많은 부모들이 이야기책을 읽을 때는 상대적으로 아이의 반응을 자유롭게 받아 주었지만, 정보책을 읽을 때는 아이에게 정답을 묻는 좁은 질문 외에는 내용에 관한 부연 설명을 많이 하는 경향을 보였습니다.

이러한 부모와의 경험이 영향을 미치지 않았다고 할 수 없겠죠? 아이들이 클수록 정보책을 싫어하게 되는 이유는 정보책이 점점 어려워져서일 수도 있습니다(이야기책도 점점 어려워지지요). 하지만 새로운 앎에 대한 기쁨을 제대로 누리지 못했던 독서 경험, 지식 탐구의 매력에 빠질 새 없이 부연 설명을 듣고 이해하느라 바빴던 것이 진정한 원인은 아닐까 합니다.

그러면 부연 설명 대신 어떤 반응을 해야 아이에게 정보책의 재미를 알려 줄 수 있을까요? 책을 읽어 주는 엄마, 아빠부터 "와, 신기하다!"라고 말해 보세요. 그리고 "어떤 것이 재미있었어?", "새로운 것을 알게 되니까 재미있지?" 이렇게 물어보는 거예요. 정말 쉽죠?

어떤 정보책을 골라야 할까?

제가 현재 아이와 함께 읽는 전집은 딱 하나, 생물 사진이 많은 정보책입니다. 국내 그림책 시장에서 아이 수준에 맞는 정보책은 따로따로 구하기가 쉽지 않아서, 이 전집은 저의 전집 처분 목록에서 살아남았지요. (만약 전집을 구성하고 있는 책 중 몇 권만 읽어 주고 싶다면 도서관에서도 쉽게 빌릴 수 있어요.) 그래도 전집은 어차피 한 가지 종류의 책이나 마찬가지이기 때문에 다른 정보 그림책을 자주 검색하는데, 몇 가지 원칙을 가지고 찾는답니다. 이제 그 원칙들을 소개해 볼게요.

첫째, 이야기가 섞여 이것이 정보인지 이야기인지 헷갈리게 만들어진 책은 정보책으로 고르지 않습니다. 이야기가 섞여 있으면 아이가 이야기에 집중하여 정보를 잘 기억하지 못하는 경우가 많고, 추후에 수준이 높은 정보책을 읽을 때 그다지 도움이 되지 않아요.

둘째, 본인이 관심이 있는 주제에 대해서 읽게 하면 좋습니다. 하지만 유아의 경우, 관심사가 좁기 때문에 다양한 주제의 정보책을 접하게 해 주세요. 부모들 사이에 유명한 자연관찰 이외에도 사회, 예술(미술, 체육 등) 등 최대한 다양하게 책을 찾는 게 좋아요. 안타깝게도 유아들을 위한 정보책 시장이 상당히 좁은데, 그래도 요즘 초등학생을 위한 책들이 조금씩 출간되고 있어요. 그중에서 아이가 관심 있는 주제인 책을 골라 일부분만 읽어도 괜찮습니다.

셋째, 최대한 최근에 나온 책, 적어도 5~10년 안에 나온 책을 고릅니다. 제가 '초등학생의 정보 텍스트 읽기'로 박사 학위를 받았기 때문에 정보책을 추천해달라는 부탁을 참 많이 받는데, 이것이 가장 어려운 문제입니다. 이야기책은 상대적으로 고전을 읽어도 크게 상관없는 경우가 많습니다. 그런데 정보책은 시간이 지나면 그 정보 자체가 잘못되었을 때가 많아요. 그러므로 웬만하면 최근에 나온 그림책으로 선택하는 것이 좋답니다.

정보책 고르기

1. 정보와 이야기가 섞여서 구분이 어려운 책은 추천하지 않음

2. 아이가 관심을 보이는 주제를 중심으로 시작하지만, 주변 주제로 확장을 계속 시도하기 (상어를 좋아하면 상어와 비슷한 고래, 물에 사는 동물들로 서서히 확장)

3. 최근에 나온 책일수록 좋음

이야기책과 정보책의 비율

그렇다면 이야기책과 정보책은 어느 정도 비율로 읽어 주면 좋을까요? 저는 영유아 시기에는 이야기책을 조금 더 많이 읽어 주기를 추천합니다. 비율로 따지면 5:2 정도가 좋아요. 이것은 앞에서 말씀드렸던 Only one(딱 한 권) 전략, 즉 하루에 한 권씩 부모와 아이의 대화 시간으로 꾸리는 책 읽기를 기준으로 말씀드리는 것입니다. 일주일 기준으로 이야기책 다섯 권, 정보책 두 권 정도의 적당한 비율로 대화를 나누며 읽어 주세요.

아이의 취향이 편중된 경우에도 너무 걱정하지 않아도 돼요. 앞에서 이야기한 하루 딱 한 권을 제외하고 다른 때는 아이가 읽어달라고 가지고 오는 책을 자유롭게 읽어 주면 됩니다. 후에 이 비율을 조금씩 바꿔서 초등 중학년이 되면 이야기책을 한 권 읽을 때 정보책도 한 권 읽는, 1:1 정도의 비율로 읽도록 권하면 좋습니다.

저는 아이와 함께 그림책을 읽으면서 매일 책 사진을 찍고, 아이의 반응을 간단히 기록합니다. 이렇게 기록해 두면 내가 어느 정도 비율로 아이에게 다양한 책을 권하고 있는지 확인할 수 있습니다. 아이의 성장하는 모습도 같이 남길 수 있어서 더 좋아요.

그림책의
그림 보기

색안경을 벗고 바라본 그림책

최근 몇 년 사이에 우리나라 그림책 작가들의 국제 대회 수상 소식을 심심찮게 들을 수 있습니다. 이 책에 계속 등장하는 (제 딸이 정말 좋아해서 대부분의 예시가 되어 버린) 백희나 작가는 아동문학계의 노벨상이라고 불리는 아스트리드 린드그렌상을 수상했고요. 글 없는 그림책으로 유명한 이수지 작가는 안데르센상을 수상했지요. 박현민 작가, 밤코 작가, 이지은 작가 등 전통 깊은 그림책 상인 볼로냐 라가치상을 수상한 작가들도 여럿 있고요. 자주 들려오는 수상 소식 덕분인지, 그림책에 대한 인식도 많이 바뀌었습니다. 기존에 많은 사람들이 그림책을 단순히 글을 못 읽는 아이들이 보는 책으로 생각해 왔다면, 이제는 서서히 그림책의 스펙트럼을 넓게 보고 관심을 갖기 시작하는 듯합니다.

어떤 그림책이 좋을까?

그림책은 글과 그림이 모두 글의 내용을 담고 있어요. 그런데도 보통 그림책을 고를 때, 그림의 역할에 대해서는 크게 관심을 갖지 않는 경우가 많아서 안타까워요. 글의 내용과 그림이 잘 어우러져, 같이 읽으면 더 재미있고 좋은 그림책을 읽을 때 아이들에게 양질의 경험을 줄 수 있거든요. 어떤 그림이 좋은 그림이냐고 물으신다면, 저마다 차이가 있겠지만 대체로 전집보다는 단행본이 그림의 질이 좋고 글과 그림의 어울림도 좋은 편입니다. 단행본도 너무 많아 고르기가 힘들다면, 처음에는 전문가가 검증한 수상작을 보는 것도 좋다고 생각해요. 앞서 언급한 작가들의 책은 모두 추천할 수 있는 좋은 그림책들입니다.

그림책과 관련된 상은 크게 볼로냐 라가치상, 칼데콧상, 뉴베리상이 대표적이에요. (아스트리드 린드그렌상이나 안데르센상은 작품에 대한 상은 아니고 어린이를 위한 작품 활동을 하는 작가에게 주는 상이랍니다.) 이 세 가지 상을 받은 그림책들은 대체적으로 작품성이 보장된다고 할 수 있지요. 우리나라에도 많은 수상작들이 출간되어 있으니 온라인 서점에서 '칼데콧', '볼로냐 라가치', '뉴베리' 등의 키워드 검색으로 쉽게 찾아보실 수 있어요.

그림 읽기의 중요성

데이비드 위즈너 글·그림의 《아기 돼지 세 마리》라는 그림책을 보면 그림을 읽는 것이 얼마나 중요한지 느낄 수 있어요. 이 책의 그림을 자세히 보지 않고 글만 읽으면 도대체 무슨 내용인지 알 수가 없거든요. 그런데 그림을 유심히 보면, 이야기 속 세계와 이야기 바깥 세계의 그림을 다르게 그렸다는 것을 알 수 있어요. 가까운 도서관에서 이 책을 빌려 보면 그림의 중요성을 단번에 느낄 수 있을 거예요.

이제 막 글을 깨친 아이들은 그림을 읽을 여력이 없어 글자를 정확히 읽는 일에만 집중합니다. 그러니 그림책 한 권을 다 보고 나서도 머릿속에 남는 내용이 없는 경우가 많지요. 현대 사회의 필수 능력인 비주얼 리터러시Visual literacy를 키워 주기 위해서라도 그림을 천천히 살펴볼 수 있도록 습관을 들여 주세요.

아이들은 글보다 그림에 대해서 더 민감하게 반응하는 경향이 있습니다. 그러니 그림책을 고를 때 아이의 취향과 어느 정도 비슷한 그림을 고르면 아이의 흥미를 불러일으키는 데 도움이 될 수 있어요. 제 아이는 어릴 때 그림보다 실제 사진이 있는 책을 좋아하는 편이었습니다. 그래서 점토를 사진으로 찍은 백희나 작가의 그림책들은 무조건 좋아할 것이라 예상했고, 역시나 그랬지요. 지금은 예전보다 취향의 범위가 많이 확장되어서 선이 부드러운 그림들도 이야기나 등장인물에 따라 좋아하지만, 이야기책을 별로 좋아하지 않을 때는 사진이 담긴 그림책의 도움을 많이 받았어요. 만약 아이가 그림책에 큰 관심이 없다면 아이의 취향에 맞는 그림 스타일을 찾아보는 것을 추천합니다.

《아기 돼지 세 마리》 데이비드 위즈너 글·그림 | 마루벌 | 2002

이 그림책은 익히 알려진 아기 돼지 세 마리가 집을 짓고, 늑대의 습격을 받는 이야기를 재미있게 변형한 그림책입니다. 이야기 세계와 실제 세계의 경계를 허물고, 돼지들이 이야기 세계 밖으로 나와 살아남는 내용을 담은 그림책이지요. 설명만 읽어서는 도대체 무슨 이야기인지 모르시겠다고요? 그림책에 대한 고정관념을 깨는 좋은 그림책이니 꼭 한번 읽어 보세요.

《모모모모모》 밤코 글·그림 | 향 | 2022

이 그림책은 볼로냐 국제아동도서전 논픽션 부문에서 수상한 그림책이에요. 쌀이 만들어지는 과정을 센스있는 글과 그림으로 표현하고 있어요. 그림책의 글자들이 눕기도 하고, 날아가기도 하는데 이런 글자들을 읽을 때 몸으로 흉내 내며 읽어도 재미있어요. 아이와 함께 우리 식탁

에 매일 오르는 밥에 대한 이야기를 나누고 싶을 때 읽어 보세요.

글밥 늘리기

저학년 문고 대신 그림책으로

'무엇을 읽어야 할까'에 대해 이야기하려면 글밥에 대한 이야기를 하지 않을 수 없습니다. 글밥이라는 말은 책육아에 관심이 있는 부모라면 누구나 알고 있는 표현으로, 책에 들어 있는 글자의 수, 글의 길이로 통용되고 있는 말이지요. 아이들이 긴 글을 읽어 내는 힘이 필요한 것은 사실이기에 이 부분에 대해서 이야기를 나누어 볼까 합니다.

저는 글밥 늘리기에 유용하다고 소문난 '저학년 문고'보다는 그림책을 추천합니다. 그림책은 생각보다 다양한 글의 길이를 가지고 있고, 글의 길이가 꽤 긴 그림책도 많습니다. 대부분의 아이들이

3세 이전부터 접해 왔기 때문에 친숙하고, 그림이 함께 있어서 아이들의 심리적 부담도 줄일 수 있지요. 무엇보다 저학년 문고로 묶여 판매되는 책들의 경우, 글의 질이 매우 들쑥날쑥해서 아이들의 독서 의욕을 떨어뜨릴 수도 있거든요. 그런 점에서 글의 질이 어느 정도 보장되는 그림책을 추천합니다.

연령별 그림책 고르기

글밥을 늘린다는 말이 잘 와닿지 않을 수도 있어요. 그렇다면 지금 이야기하는 연령별 추천 그림책을 통해, 아이가 어떤 그림책을 읽는 것이 적절할지 감을 잡아 봐도 좋습니다.

3세 이하

- 이야기책 : 길이가 짧고 놀이를 함께 할 수 있는 책
- 정보책 : 개념책(주변의 사물, 자연)

아이가 3세 이하라면, 익히 알려진 《달님 안녕》, 《사과가 쿵!》, 《사랑해 사랑해 사랑해》 정도 길이의 책이 좋습니다. 간단하고 반복되는 내용을 아이와 함께 스킨십도 하고 표정과 행동도 흉내 내며 읽어 줄 수 있어요. 저는 아이와 《달님 안녕》을 읽으면서는 달님 표정을 따라 해 보고, 《사랑해 사랑해 사랑해》를 읽을 때는 "엄

마는 현이를 사랑해"라고 노래도 불러 주면서 마음에 행복을 꽉 채웠던 기억이 있어요. 지난 기록을 들여다보니 《사랑해 사랑해 사랑해》를 읽으며 아이가 가장 좋아했던 장면은 목욕 장면이고, 비눗방울 놀이를 보면서 좋아했다고 써 있네요. 이렇게 좋아하는 장면을 사진과 함께 간단히 기록해 두면 아이의 변화를 알 수 있어서 더욱 좋답니다.

이 시기에 읽을 만한 정보 그림책으로는 '보리 아기 그림책' 세트가 있습니다. 주변 사물의 개념을 잘 담고 있어 추천할 만한 전집이에요. 사물에 관심이 없는 아이는 친숙한 과일이나 채소부터 조금씩 보여 주어야 관심을 보이지요. 과일과 물고기를 좋아한 저희 아이는 과일 책과 물고기 책에 먼저 관심을 보여 해당 책부터 여러 번 보기 시작했습니다. 단행본으로는 《냠냠냠 쪽쪽쪽》 같은 주변의 사물을 담고 있는 책들이 아이들과 읽기에 좋아요. 이 시기 아이들에게는 책에 나온 사물과 실물을 함께 보여 주는 것도 좋답니다. 《냠냠냠 쪽쪽쪽》에 나오는 과일과 실제 과일을 함께 보면서 읽는 것이지요.

 3세 이하 아이들을 위한 책

이야기책

《달님 안녕》 하야시 아키코 글·그림

《사과가 쿵!》 다다 히로시 글·그림

《사랑해 사랑해 사랑해》 버나뎃 로제티 슈스탁 글, 캐롤라인 제인 처치 그림

정보책

《세밀화로 그린 보리 아기 그림책》 보리 편집부 기획

《냠냠냠 쪽쪽쪽》 문승연 글·그림

4~5세

- 이야기책 : 반복이 있어 이해하기 쉬운 책

- 정보책 : 개념책(사물의 특징, 용도)

4~5세 정도에는 《안 돼, 데이비드!》, 《내가 좋아하는 것》, 《곰돌이 팬티》, 《엄마, 난 도망갈 거야》, 《노란 장화》, 《곰 사냥을 떠나자》 등 글은 조금 길어지지만 반복이 있어 이해하기 쉬운 그림책을 추천합니다. 아이가 반복되는 부분을 기억해서 다음을 예상할 수 있는 그림책이지요.

예를 들어, 《안 돼, 데이비드!》는 "안 돼, 데이비드!"라는 말이 계속 반복되면서 새로운 장면이 나옵니다. 데이비드가 욕조에서 물장난을 치고, 옷을 벗고 밖으로 뛰쳐나가는 장면 등 다양하게 "안 돼!"를 외쳐야 하는 상황이 등장하지요. 글은 반복되고, 그림은 바뀌어서 아이들이 즐겁게 책을 볼 수 있어요. 저는 이 책을 아이와

읽을 때, 그림을 같이 보면서 "엄마가 왜 '안 돼!'라고 하지? 아, 물장난을 쳐서 그렇구나' 하며 자문자답하고, 아이가 알면 먼저 대답도 하면서 이야기를 나누었어요. 그렇게 하면 그림책을 더 깊이 읽을 수 있어요.

정보 그림책으로는 이전에 읽었던 개념책을 보면서 사물의 이름에서 더 나아가 생김새, 크기 등 다양한 이야기를 나누며 어휘를 늘려 갈 것을 추천합니다. 예를 들어, 앞서 소개한 보리 그림책을 보면서 과일의 색, 물고기의 생김새나 크기에 대해서 이야기를 나누면 좋아요. 단행본 그림책 중 《수박이 데구루루》는 모양에 대한 이야기를 나누기 좋습니다. 《바빠요, 바빠!》는 일정한 패턴이 반복되면서 다양한 자동차의 용도를 이해할 수 있도록 도와줍니다.

 ### 4~5세를 위한 반복이 있는 책

이야기책

《안 돼, 데이비드!》 데이비드 섀넌 글·그림

《내가 좋아하는 것》 앤서니 브라운 글·그림

《곰돌이 팬티》 투페라 투페라 글·그림

《엄마, 난 도망갈 거야》 마거릿 와이즈 브라운 글, 클레멘트 허드 그림

《노란 장화》 허정윤 글, 정진호 그림

《곰 사냥을 떠나자》 마이클 로젠 글, 헬린 옥슨버리 그림

정보책

《수박이 데구루루》 박혜수 글, 이준우 그림

《바빠요, 바빠!》 이정빈 글·그림

5~7세

- 이야기책 : 인물과 사건이 뚜렷한 책

- 정보책 : 한 가지 주제에 대해 자세히 설명하는 책

유치원에 다닐 수 있는 5, 6, 7세는 본격적으로 독서교육을 하기에 좋은 시기입니다. 앞서 소개한 《나는 개다》, 《달 샤베트》(백희나 작가의 그림책은 이 시기에 읽기 정말 좋아요.), 《할머니의 여름휴가》, 《당근 유치원》, 《소피가 화나면, 정말 정말 화나면》, 《이슬이의 첫 심부름》, 《산타 할머니》, 《엄마 자판기》, 《요셉의 작고 낡은 오버코트가…?》 등 많은 이들이 추천하는 다양한 그림책을 시작하기에 적당하지요. 대부분의 그림책들이 주인공이 사건을 이끌어 가고 기승전결이 뚜렷하여 원인과 결과를 이해하기 쉬운 책들이에요.

예를 들어, 《나는 개다》는 어떤 집에 사는 구슬이(개)의 하루를 그리고 있어요. 동동이(남자아이)와 놀다가 침대에 응가를 해 버린 구슬이는 방에서 쫓겨나 베란다에서 자는데, 그 모습을 안쓰러워한 동동이가 함께 이불을 덮고 자는 따뜻한 장면으로 마무리됩니다. 이처럼 인물이 뚜렷하고, 그 인물이 이야기를 이끌어 가는 그림

책이 아이들이 이해하기에 편하답니다. 아이들은 인물을 중심으로 이야기를 이해하는 경향이 있거든요.

적절한 책을 추천하기에 약간 애매한 시기가 바로 5세입니다. 5~7세 추천 그림책을 조금 어려워한다면 4~5세에게 추천하는 '패턴이 반복되는 그림책'을 충분히 읽어 주되, 조금 더 글이 긴 책을 시도하면 좋아요. 예를 들어, 《커다란 크리스마스트리가 있었는데》나 《할머니가 네모 빵을 구웠대!》의 경우 패턴의 반복은 있지만 앞에 소개한 것보다 글이 조금 더 긴 그림책이에요. 그리고 당연한 이야기지만, 5세에는 특정 그림책을 어려워하다가 6세에는 쉽게 이해할 수도 있습니다. 그러니 5세일 때 관심을 보이지 않는다고 좌절하지 말고, 아이가 조금 컸다 싶을 때 다시 도전해 보세요.

정보책의 경우, 한 가지 주제에 대해 설명하는 정보 그림책을 시작하기에 좋아요. 예를 들어, 자연관찰 전집 같은 것을 읽기에 좋은 시기입니다. 물론 자연관찰 전집을 더 어린 연령에 추천하는 경우도 많이 보입니다. 실제로 더 어린 연령에 봐도 무관하긴 하지만, 내용 전체를 이해하지는 못할 거예요.

자연관찰 전집은 주제가 자연에만 국한되기 때문에 다양한 단행본 그림책으로 확장시켜 주면 좋습니다. 예를 들어, 《세계의 빵 도감》 같은 그림책은 빵과 관련한 그림이 가득 있어서 읽기에 즐겁답니다. 또 피터 시스의 《발레가 좋아!》는 발레 동작을 쉽게 따라

할 수 있도록 되어 있고, 같은 작가의 《소방차가 되었어》도 5세부터 충분히 읽을 수 있어요. 《나도 투표했어!》는 투표에 대해 이해하기 쉽도록 설명해 놓은 그림책으로, 전문가가 감수했기 때문에 믿을 만한 내용이 담겨 있어요. 7세 이상 아이들의 투표에 대한 궁금증을 해소해 줄 수 있는 책이랍니다.

 ## 5~7세 아이들을 위한 책

반복이 있는 책
《커다란 크리스마스트리가 있었는데》 로버트 배리 글·그림
《할머니가 네모 빵을 구웠대!》 와타나베 데츠타 글, 미나미 신보 그림

인물과 사건이 뚜렷한 책
《나는 개다》, 《달 샤베트》, 《알사탕》 백희나 글·그림
《할머니의 여름휴가》, 《당근 유치원》 안녕달 글·그림
《소피가 화나면, 정말 정말 화나면》 몰리 뱅 글·그림
《이슬이의 첫 심부름》 쓰쓰이 요리코 글, 하야시 아키코 그림
《산타 할머니》 진수경 글·그림
《엄마 자판기》 조경희 글·그림
《요셉의 작고 낡은 오버코트가…?》 심스 태백 글·그림

한 가지 주제에 대해 설명하는 책
《발레가 좋아》, 《소방차가 되었어》 피터 시스 글·그림
《세계의 빵 도감》 오모리 히로코 글·그림
《나도 투표했어!》 마크 슐먼 글, 세르주 블로크 그림

글밥을 초등 수준으로 늘리고 싶을 때

아직 유아지만 자녀의 독서 능력이 우수하여 글밥을 초등 수준으로 늘리고 싶은 부모님들도 계실 거예요. 글밥이 많은 그림책으로는 《안녕, 나의 등대》,《쥬만지》를 추천해요. 이런 그림책은 글의 길이만 긴 것이 아니라 내용의 깊이도 깊기 때문에 제대로 글밥을 늘릴 수 있는 책들이랍니다. 그리고 그림 정보가 많은 유설화 작가의 《슈퍼 거북》,《용기를 내, 비닐장갑!》 같은 책도 좋아요. 그림을 꼼꼼하게 읽으면 정말 많은 내용을 찾을 수 있습니다.

여기에 추천한 그림책들은 모두 초등 수준에서도 충분히 읽을 만한 그림책들입니다. 따라서 7세 정도의 아이를 키우시는 부모님들은 아이가 이 그림책들을 이해할 만한 수준이 되지 않는다고 해도 전혀 걱정하실 필요 없어요. 만약 아이가 잘 이해하지 못해도 함께 이야기를 나누면서 읽는다면 좋은 독서교육이 될 수 있으니 책을 보여 주시는 것은 좋습니다.

정보 그림책 중에는 정말 수준 높은 그림책이 많아요. 청소년들이 보기에도 꽤 어렵다 싶은 것들도 많고요. 정보 그림책은 관심이 있는 정보만 찾아 보는 등 일부분만 읽어도 충분히 가치 있으니 완독을 하려고 너무 애쓸 필요는 없답니다. 《안녕, 거미야!》,《마스크 벗어도 돼?》 등을 추천합니다.

사실 이 부분을 쓰면서 고민을 많이 했어요. '아이들은 저마다 발달 수준이 다르고, 특성이 다르고, 취향이 다른데 연령별로 책을 추천하는 것이 과연 옳을까?' 하는 생각 때문에요. 하지만 여러분이 (이것을 필독서 개념으로 생각하시지는 않을 것이라 믿고) 책 고르기의 망망대해에서 작은 등대를 찾기 바라는 마음으로 고민 끝에 담았습니다. 만약 아이가 자연 관찰책을 너무 좋아한다면 그 분야의 지식 수준은 높은 반면, 이야기책은 해당 연령의 그림책이라도 어려워할 수도 있어요. 그러므로 앞서 이야기한 것처럼 아이를 잘 관찰하고 책을 골라 주세요.

그리고 이해를 돕기 위해 구체적인 그림책을 몇 가지 추천했지만, 해당 연령에서 권하는 그림책의 특성(패턴 반복, 뚜렷한 인물 등)을 파악하고 더 넓게 책을 골라 준다면 금상첨화일 거예요.

글밥 늘리기에 어려움을 느끼는 아이들에게는 아이가 좋아하는 종류의 책, 좋아하는 주제의 책부터 서서히 글밥을 늘려 주세요. 정보책을 좋아하는 아이들은 정보 그림책부터, 이야기 그림책을 좋아하는 아이들은 이야기 그림책부터 분량을 늘려 가며 조금은 긴 글을 듣고 이해하는 힘을 길러 줄 수 있습니다. 아이의 그림책 글밥이 늘어났다면, 글밥이 유사한 책 중에 글만 있는 책으로 자연스럽게 넘어가면 된답니다.

어떤 그림책을 살까

오해하기 쉬운 가성비의 진실

우선 꼭 말씀드리고 싶은 것은 그림책을 구매하는 것이 전집을 구매하는 것보다 가성비가 좋다는 사실입니다. 단편적으로 생각하면 전집이 한 권당 가격이 저렴해서 가성비가 좋다고 생각할 수 있습니다. 하지만 전집은 권장 월령이 지나면 읽히지 않을 확률이 높고, 추후에 중고로 판매하고 싶다는 생각 때문에 아이에게 책을 깨끗이 보라고 강요하게 되기도 합니다.

그러나 대부분의 단행본 그림책들은 3세에 읽었을 때나, 6세에 읽었을 때나, 8세, 10세, 13세가 되어 읽었을 때나 언제든지 의미 있게 읽을 수 있습니다. 요즘 초·중·고등학교의 교육 현장에서 그림책이 활용되는데, 이 현상만 봐도 그림책이 얼마나 확장성이 좋고 오랫동안 읽을 수 있는 책인지 알 수 있지요.

도서관으로 가자

그렇다고 해서 아이와 읽고 싶은 모든 그림책을 구입할 수는 없지요. 그래서 저는 한 달에 한 번 정도 도서관에 갑니다. 한 번 갈 때마다 아이 책을 대출하는 데 쓰는 시간은 10~20분 정도면 충분해요. 그런데 분기에 한 번은 아주 시간을 넉넉하게 잡고 갑니다. 그림책 서가에서 책이 꽂힌 순서대로 한 권씩 꺼내 모두 살펴보려고요. "오늘은 810번부터 830번까지 봐야지", "오늘은 한국 그림책 '가'부터 '바'까지 봐야지"와 같은 느낌으로 미리 계획하지요. (그 다음 분기에는 그 다음 순서에 해당되는 곳에 꽂힌 그림책을 살펴봅니다.)

그리고 마음에 드는 그림책은 표지, 제목과 책등 부분의 번호가 잘 보이게 사진을 찍어 둡니다. 나중에 다시 검색해서 찾기 귀찮으니 미리 찍어 두는 거예요. 그리고 고른 책 중에서 그날 대출 가능한 권수만큼 대출합니다. 가족이 많다면 가족 이름을 모두 도서관에 등록해서 최대한 많이 대출하세요. 저는 가족이 적어서, 손수레를 가져와서 20~30권씩 책을 실어 가는 사람들을 보면 늘 부러워요.

　도서관에서 대출해 온 책을 집에서 아이에게 '여러 차례' 보여 주고 관심을 보이는 책으로 최종 구매합니다. 이렇게 고른 그림책은 아이와 여러 번 읽거나 한참 뒤에 다시 읽어도 대화할 거리가 많답니다.

　앞에서도 말했듯, 작정하고 가는 날이 아니면 미리 사진을 찍어 둔 목록 안에서 얼른 빌려서 나오기 때문에 시간은 10분이면 충분합니다. 이때 아이와 함께 가서 대출하는 모습을 보여 주어도 좋고, 등·하원시키는 길에 잠깐 들러도 되지요. 이렇게 몇 번 하다 보면, 그리고 아이와 그림책을 읽다 보면 '아, 이건 아이가 좋아하겠다'

하고 느낌이 올 거예요. 자신의 느낌을 믿어도 됩니다.

여기서 또 문제가 있죠. 책을 읽어 주어야 하는 입장에 처한 내가, 정작 책에 관심이 별로 없을 수도 있어요. 책에 관심이 있다고 해도 느긋하게 혼자 도서관에 가서 책을 읽고 있을 시간이 없을 수도 있지요. 또 도서관이 너무 멀어서 자주 갈 수 없을 수도 있습니다.

그럴 때는 차선책으로 육아서나 SNS에서 타인이 권하는 책 목록을 활용해도 좋아요. 온라인 서점에서 가장 인기있는 그림책을 구매해도 실패할 확률이 적긴 합니다. 그래도 가능하다면, 추천받은 목록 중 몇 권은 미리 대출하여 나도 읽어 보고 아이도 보여 준 뒤에 구매하시기를 권합니다. 아이마다 정말 취향이 다르고, 읽어 주는 사람도 그 책이 정말 읽기 싫을 수 있거든요.

학습 만화를 봐도 괜찮을까요?

요즘은 유아기부터 학습 만화를 읽는 아이들이 많습니다. 다양한 지식을 배우기에 학습 만화만큼 좋은 게 없다고 말하는 사람들도 있고요. 물론 아이가 책을 읽으려고 하지 않으니 울며 겨자 먹기로 '그거라도 봐라' 하는 부모님들이 가장 많지 않을까 싶습니다. 제가 부모교육을 할 때도 가장 많이 받는 질문 중에 하나가 학습 만화에 대한 질문이거든요.

이러한 고민은 '아이와 생각 나누기를 위해 대화를 하려고 할 때의 책'이냐, 아니면 '자유 독서를 할 것이냐'에 따라 달라집니다. 아이와 생각을 나누려면 다양한 생각을 할 수 있는 책이 필요한데, 학습 만화는 아무래도 부족한 점이 많아 제외하는 것이 좋습니다. 학습 만화가 아쉬운 이유는 정보를 전달하는 방식이 만화이기 때문입니다. 만화가 나쁘다는 것이 아니라, 앞으로 아이들이 성장하면서 읽을 정보책들은 대부분 줄글과 사진, 또는 그림으로 이루어진 책들일텐데, 그런 책들은 학습 만화와 글의 형식에서 매우 차이가 있지요. 그리고 만화는 이야기를 섞어서 정보를 전달하다 보니 아이가 정보에 집중하지 않고 이야기만 보고 넘길 가능성도 매우 높습니다.

그럼에도 불구하고 아이들이 학습 만화를 읽게 되었고, 좋아한다면 그것을 반대할 생각은 없습니다. 만화를 통해서도 분명히 배우는 것이 있고, 책을 자기주도적으로 고르고 읽는 데 도움을 줄 수 있기 때문입니다. 무엇보다 한 권만 같이 제대로 읽고 나머지는 자유롭게 읽으라고(Only one 전략) 하고서는 '이건 이래서 안 되고, 저건 저래서 안 되고' 하는 것이 모순적인 행동이기 때문이에요. 이는 교육에서 가장 안 좋은 것으로 손꼽히는 '일관성 없는 가르침'입니다.

그래도 아직 아이가 학습 만화를 보기 전이라면, 최대한 학습 만화를 보여 주는 시기를 늦추면 좋겠습니다. 양질의 도서를 재미있게 보다 보면 학습 만화에는 크게 관심 갖지 않는 아이로 자랄 수도 있거든요.

'좋은 책'에 대하여

3장에 쓴 내용들은 모두 '좋은 책이란 무엇인가?'에 대한 답입니다. 그래도 저에게 좋은 책이란 무엇인지 한마디로 말해 보라고 하면, 저는 '할 말이 많은 책'이라고 말합니다. 책을 읽으면서 하고 싶은 말이 많다는 것은 어떤 의미일까요? 그것은 바로, 독자에게 많은 생각을 하도록 이끌어 주는 책이라고 할 수 있습니다.

아이들에게서 많은 말을 끌어내는 책의 대표적 특징은 '아이의 시선으로 쓴 책'이라는 것입니다. 대체로 너무 교훈적이지 않고, 이해하기에 너무 어렵지 않은 책이지요. 반대로, 할 말이 잘 생각나지 않는다고 하는 책은 '어른의 시선으로 아이들을 바라보고 쓴 책'입니다. 이런 책들은 과하게 교훈을 강조하는 경우가 많아요. 그런 책들을 읽으면, 아이가 스스로 생각해서 하고 싶은 말이 생기는 것이 아니라, 어른이 원하는 답, 책에서 강조하는 답을 말할 확률이 높아지기 때문에 가급적 피하는 것이 좋습니다.

아이의 시선으로 쓴 책들 중에서 몇몇 책은 어른을 너무 나쁘게 표현하는 것처럼 느껴지기도 합니다. 아직 우리 아이는 순수한데, 괜히 세상에 대한 부정적인 생각을 갖게 하지 않을까 걱정이 되기도 하지요. 예를 들어, 존 버닝햄의 《지각대장 존》은 권위적인 선생님의 모습을 바라보는 아이의 이야기이기 때문에, 선생님에 대한 왜곡된 시선을 심어 주지 않을까 걱정할 수도 있지요. 하지만, 그런 생각은 기우라고 말씀드리고 싶습니다. 아이는 책을 읽으면서 자신에게 엄격했던 선생님을 떠올릴 수도 있지만, 좋았던 선생님을 떠올릴 수도 있습니다. 엄격했던 선생님만을 떠올린다고 해도, 《지각대장 존》을 읽으면서 그때 속상했던 마음이 해소되는 경험을 할 수도 있어요. 아이가 자신의 경험을 쉽게 떠올리지 못한다면, 같이 읽는 부모가 자신의 선생님에 대한 다양한 경험을 이야기할 수도 있지요.

이렇게 아이의 시선에서 쓴 책을 읽으면 아이도 부모도 하고 싶은 말이 많아집니다. 지금 어떤 책을 고를까 고민하고 있다면, 아이도 어른도 하고 싶은 말이 마구마구 떠오르는 책을 골라 보세요.

문해력을 키우는 책육아의 힘

\ 4장 /

함께 읽기,
어떻게 할까?

독서교육 방법

무조건
상호 작용이다

독서교육의 핵심 열쇠, 상호 작용

'독서교육'이라는 말을 들으면, 다음 페이지의 그림처럼 아이가 혼자서 조용히 앉아 책 읽는 모습을 떠올리는 분들이 많습니다. "옆집 아이는 그림같이 앉아서 책을 보더라"라는 말을 심심찮게 하곤 하지요. 그러나 영유아의 경우(솔직히 초·중·고등학생도 대부분) 아이 혼자 책을 읽게 둔다면 독서 능력은 거의 길러지지 않습니다.

아이의 기질에 따라 조금씩 다르지만, 아이들은 대부분 부모와의 상호 작용을 좋아합니다. 눈을 맞추고 이야기 나누기를 즐긴다거나, 스킨십하기를 좋아하지요. 독서를 할 때도 아이와의 상호 작

용은 매우 중요합니다. 수많은 연구들이 영유아들의 독서 능력은 타인과의 상호 작용을 통해서만 발전한다는 것을 증명하고 있습니다. 상호 작용 없이 혼자 하는 독서는 의미가 없다고 말해도 무방할 정도의 결과들도 있어요.

2010년에 나온 흥미로운 연구 하나를 소개할게요. 스마트 TV나 태블릿 등을 통해 쉽게 접할 수 있는 전자책도 아이들(유치원생)의 독서 능력 향상에 도움이 되었는지를 살펴본 연구였습니다. 이 연구에서는 전자책(역동적인 시각 및 음향 효과가 있고 배우가 생생하게 읽어 주는 이야기책, 아이가 이곳저곳 누르면 추가로 다양한 소리와 음성을 들을 수 있는 책)을 보여 주면서 교사와 상호 작용을 한 집단, 전자책을 혼자 보게 한 집단, 교사가 종이책을 읽어 주며 상호 작용을 한 집단으로 나누어서 연구를 했습니다. 연구 결과 전자책, 종이책 상관없이 책을 읽으며 교사와 상호 작용을 한 집단이 유의미하게 독서 능력(음운 인식 부분)이 신장된 것으로 나타났어요. 상호 작용이 없었던 집단은 전자책이 화려하게 책을 읽어 줬음에도 유의미한 변화가 없었습니다. 결국 종이책, 전자책 상관없이 영유아 시기에는 성인이 어떻게 상호 작용을 해 주는지가 독서 능력 키우기의 핵심 열쇠라는 것을 알게 되었지요.

책 대화를 한 적 있나요?

상호 작용을 아주 간단하게 이야기하면, 서로 영향을 주고받는 것을 말합니다. 책을 읽으면서 서로 이야기를 주고받는 것이 바로 책을 통한 상호 작용이라고 생각하면 쉽습니다. 그래서 '책 대화'라는 말이 유행하고 있는 것이지요.

그런데 '책 대화'라는 것이 참… 저와 비슷한 세대에게는 낯설게 느껴집니다. 어렸을 때 책을 읽고 대화하던 상대는 부모님이 아니라 주로 형제, 친구, 선생님이었으니까요. 그래서 의아하게 생각하는 분들도 있습니다. "저는 부모님과 책 대화를 한 적이 없는데요?"라고 반문하는 분들도 많지요. 그런데 잘 생각해 보면, 그 시절에도 책을 좋아하는 친구들은 자기가 읽은 책의 내용을 부모님께 말하기를 좋아했습니다. 그리고 그 시절 부모님들은 책을 읽어 주시지는 않아도, 옛이야기를 많이 들려 주셨어요. 옛이야기를 들으면서 우리는 자연스럽게 질문도 하고, 감정 표현도 하면서 상호 작용을 하곤 했습니다. 텔레비전도 혼자 보는 법이 없었지요. 대부분의 집에 한 대뿐이니, 같이 보면서 이야기를 나눌 수밖에 없는 구조였습니다.

지금은 각자 다 자기만의 전자 기기를 가지고 있죠. 아주 어린아이도 혼자 책을 볼 수 있도록 태블릿을 사 주고, 읽어 주는 펜도 사 줍니다. 이것이 나쁘다고 말하려는 것이 아니라, 그만큼 아이들이 '타인과의 상호 작용 기회를 뺏긴 상태'라는 것입니다. 그렇기 때문에 우리가 의도적으로, 의식적으로 아이와 상호 작용을 하겠다고 마음먹지 않으면 어려운 시대가 된 것이지요.

아이를 '적당히 볶는' 방법

의도적, 의식적으로 교육하려고 할 때 생기는 가장 큰 문제점은 아이를 '들들 볶는다'는 겁니다. 재료가 타지 않을 정도로만 지지고 볶아야 하는데, 다 타버려도 모르고 계속 들들 볶으면 결국 그 재료는 다시 쓸 수 없게 되지요. 아이와 함께 책을 읽을 때도 그 점을 잊지 말아야 합니다. 요즘 유행하는 독서교육 방법들은 죄다 아이들을 들들 볶는 방법(필사, 하브루타 등)만 제시합니다. 뭔가 '있어' 보이거든요.

적당히 볶아서 좋은 요리(독서 능력)를 만드려면 독서를 가르치는 셰프의 기술이 중요합니다. 그런데 셰프인 부모도 독서교육은 처음이잖아요? 그래서 저는 그나마 실천하기 쉬운, "팬 달구고, 기름 한 숟가락, 소금 한 티스푼 넣고, 5분간 타지 않게 저으며 볶으세요." 정도의 방법을 소개하려 합니다.

아이와 함께 그림책을 읽으면서 딱 한 가지 제가 가장 신경 쓰는 것은 '질문 안 하기'입니다. 질문을 자꾸 하다 보면 아이는 책 읽기에서 '엄마(아빠)가 정답을 바라는구나' 하고 압박감을 느끼게 되지요. 그런데 그 정답이 뭔지 몰라서 괴롭습니다. 중심 내용을 어떻게 찾는지, 주인공을 어떻게 알아보는지 아이들도 배운 적이 있어야 압니다. 안 가르쳐 주면 모르는 게 정상이지요. 부모는 질문하고 아이는 대답하는 방식의 독서교육은 아이의 독서 동기를 망가뜨리며, 특히 가정에서는 피해야 할 방법입니다.

그럼 어떻게 대화를 하냐고요? 앞서 제가 강조했던 것처럼 아이에게 질문하지 말고, 혼자 질문하고 혼자 대답해 보세요. 그러다 보면 어느 날 자문을 하려고 질문을 던진 순간, 그 질문에 아이가 답해 줄 것입니다. 정말이에요. 이야기를 전혀 듣지 않는 것 같던 저희 아이도 결국에는 저와 함께하는 책 대화를 자연스럽게 받아들이게 되었답니다. (자세한 방법은 4장에서 계속 이어집니다.)

책 대화의 기본, 육하원칙

그렇다면 질문하지 않고 어떻게 이야기를 이어갈까요? 기본적으로 육하원칙을 기억하세요. 육하원칙을 활용하면 아이들이 책의 내용에 대해 다각도로 생각해 볼 수 있답니다. 정확하게 말하면 질문을 아예 하지 않는 것은 아닙니다. 자문자답하는 것이니까요. 육하원칙을 통해 아이와 즐겁고 의미 있는 상호 작용을 해 보세요.

(1단계) **아이가 기본적인 내용 이해도 어려워할 때** (생략 가능)

1. 읽어 주는 사람이 질문과 답을 모두 할 준비하기

- 질문은 '누가', '언제', '어디서', '무엇을'에 해당하는 쉬운 질문으로 해야 해요.

  예) "누가 나왔지?", "뭐 하고 있지?"

2. 자문과 자답 사이에 2~3초 정도 아이가 생각할 시간을 주며 눈을 바라보기

- 그러면 아이가 이 질문에 대해 아는지 모르는지 느낌이 옵니다. 여기서 포인트는 읽어 주는 사람도 생각한다는 느낌으로 눈빛을 가지셔야 한다는 거예요. 아이에게 질문에 대한 답을 갈구하는 느낌을 주어서는 안 됩니다. (어려우면 생각하는 척 책을 바라보세요.)

3. 아이가 대답이 없으면 읽어 주는 사람이 '알아챈 척' 하면서 답하기

– 이때는 약간의 연기력이 필요합니다.

예) "아, 이거였네!"

2단계) 아이가 내용은 아주 잘 이해할 때

1. 답이 정해지지 않은 질문을 준비하기

– 읽기 수준이 어느 정도 높은 아이라면 '어떻게', '왜'에 해당하는

질문을 해 보세요.

예) "이 사람은 왜 이렇게 했을까?", "이 사람은 어떻게 해서 이렇

게 됐을까?"

2. 자문과 자답 사이에 2~3초 정도 아이와 같이 생각하기

3. 아이가 대답이 없으면 읽어 주는 사람이 먼저 말하기

예) "엄마 생각에는 이러저러해서 이렇게 된 거 같아."

☆4. 아이가 대답을 먼저 하더라도 읽어 주는 사람의 생각을 또 말하기

예) "아, ○○이는 그렇게 생각했구나. 그럴 수 있을 것 같아! 재미

있는 생각이다. 엄마도 생각해 봤는데…."

5. 생각을 여러 번 주고받으며 이야기를 나눈다면 베스트!

아이와 함께 그림책을 읽을 때, 자문자답에 도전해 보세요. 보름

만 지나도 아이가 스스로 생각하는 모습을 확인할 수 있을 거예요. 위의 설명만으로 적용이 어려운 분들은 다음 주제에 등장하는 예시를 참고해 봐도 좋습니다.

추론 능력을
키워 주자

왜 추론 능력이 중요할까?

시중에는 초등학교 1학년 학생들을 위한 안내 자료들이 많이 있습니다. 생활 지도에 대한 자료는 워낙 많기 때문에, 저는 생활 지도보다는 학습에 초점을 맞추어 이야기를 해 보려고 해요. 초등 1학년에게 국어는 매우 중요한 교과입니다. 처음으로 배우는 교과, 매일 배우는 교과로 그만큼 모든 교과의 기초가 되기 때문에 중요하지요. 국어 공부와 관련하여 집에서 도움을 주면 아이의 다른 교과 학습에도 큰 도움이 됩니다.

학교에서, 특히 국어 시간에 가장 많이 하는 것은 '생각 말하기'입니다. 그렇기 때문에 아이와 책을 읽고 생각을 말하는 연습을 충분히 하면 좋습니다. 생각을 잘 말한다는 것은 큰 목소리로 유창하게 말하는 것을 의미하지는 않아요. 내성적인 아이들에게는 그러한 말하기가 매우 부담이 되기 때문에, 발표하듯이 연습을 강요하면 오히려 말문을 닫기도 합니다.

국어 시간에 자기 생각을 잘 말하는 아이들의 특징을 살펴보면, 독서 능력 중에서도 '추론 능력'이 좋은 경우가 많습니다. 도대체 추론이란 무엇이며, 왜 추론 능력이 중요할까요?

저녁에 마트에 갔어요. 사람들이 장바구니에 밀가루, 부침가루를 담더라고요. 파와 부추를 담는 사람도 있고요. 그 모습을 보고 오늘 날씨를 보니 저도 부침가루가 사고 싶어졌어요. 오징어도 좀 사 볼까 싶고요. 맛있게 부침개 굽는 소리가 들리는 듯해요.

위의 글을 읽고 "오늘의 날씨는?"이라고 묻는다면, 대부분의 사람들이 "비 오는 날"이라고 말할 거예요. 적어도 한국에서 나고 자란 사람이라면요. 글 속에 '비'라는 단어도 없는데 다들 어떻게 같은 생각을 하게 되었을까요? 바로 글을 읽는 이의 추론 능력 덕분이랍니다.

비 오는 날이라는 판단을 내리기까지의 추론 과정

책에서 읽은 정보 : 사람들이 마트에서 밀가루, 부침가루 등을 구입한다.

내가 이미 알고 있는 정보 (배경지식) : 비 오는 소리와 부침개 부치는 소리가 비슷하다. 한국 사람들은 비 오는 날 부침개를 자주 만들어 먹는다.

새로운 판단 : 오늘은 비가 온다.

글에서 밀가루, 부침가루, 파, 부추, 오징어로 인해 자동으로 부침개가 떠오르고, 많은 사람들이 비 오는 날에는 부침개를 먹는다는 배경지식을 가지고 있으니, 날씨를 묻는 질문에 대부분 "비가 온다"라고 대답하는 것이지요. 이러한 사고 과정이 추론이랍니다.

정리하면, 추론이란 이미 알고 있는 다양한 정보를 활용하여 생각하고 새로운 판단을 하는 사고 방법이에요. 정보는 책에서 읽은 것일 수도 있고, 독자가 이미 알고 있는 것일 수도 있어요. 평소 경험이 풍부하고, 배경지식이 많은 아이들이 책을 잘 읽는 이유는 경험과 배경지식이 이 추론 능력에 엄청난 영향을 주기 때문입니다.

그렇다면 4~7세 아이를 키우고 있는 부모가 아이의 추론 능력을 길러 주기 위해 무엇을 할 수 있을까요? 가장 중요한 것은 많은 경험을 제공하는 것입니다. 그런데 이를 몰라서 안 하는 경우는 거의 없을 것이라고 생각해요. 다들 먹고살기 바빠서 다양한 경험을 제공하는 것이 어려울 뿐이지요. 그래서 많은 분들이 '간접 경험'이라며 독서를 추천하는 것이고요.

그런데 문제는 간접 경험을 쌓기 위해 책을 읽고 내용을 제대로 이해하려면, 다양한 경험을 바탕으로 한 배경지식이 필요하다는 거예요. 결국 배경지식과 독서 능력은 뫼비우스의 띠 같은 관계거든요. 배경지식이 많으면 독서가 잘 되고, 독서를 잘하면 지식이 더 늘어나는 선순환이 일어나지만, 배경지식이 없으면 독서가 안 되고, 독서가 안 되면 지식을 쌓기가 어려우니 악순환이 계속되는 것이지요.

배경지식이 적은 유아기에 부모님들이 책을 읽어 주면서 자꾸 추가 설명을 하는 이유가 바로 이 때문입니다. 아이는 아는 것이 적어 추론을 어려워하기 때문에 나도 모르게 책의 내용을 추가로 설명하게 되지요. 이렇게 읽어 주면서 설명하는 것이 늘 나쁘지는 않지만, 과도한 추가 설명은 한 가지 큰 문제로 이어질 수 있습니다. 아이들이 혼자 읽고(또는 듣고) 내용을 이해하기 위해 사고하는 방법, 즉 독서 방법을 배울 수 없다는 것이지요.

생각하는 방법 연습하기

독서 방법은 글을 읽고 내용을 이해하기 위해 생각하는 방법이에요. 그러면 독서 방법은 어떻게 가르칠까요? 다양한 방식이 있지만, 영유아기에는 부모가 책을 읽어 주며 추론하는 모습을 보여 주면 아이도 배경지식을 자연스럽게 사용할 수 있습니다. 기존의 많은 육아서들이 아이에게 질문을 하면 스스로 생각하는 힘이 길러진다는 식으로 이야기하는데, 실제로 그 방법이 통하는 아이들도 있기는 합니다. 그런데 많은 아이들이 질문에 대해 어떻게 생각해야 하는지, 그 방법을 몰라서 힘들어하기도 해요.

그러면 어떻게 생각하는 방법을 가르쳐 줄까요? 이 책에서는 부모님이 할 수 있는 방법으로 세 가지를 추천하고자 합니다. 앞에서도 소개했던 자문자답하기와 함께 재반응하기, 아이에게 주도권 넘기기입니다. 이번에는 조금 더 자세히 살펴볼게요.

자문자답하기

첫 번째 방법은 앞서 여러 번 강조한 자문자답입니다. 이 방법은 교육학에서 말하는 '사고구술법', '시범 보이기'를 합친 방법이에요. 질문에 대한 답을 주로 요구해 온 기존의 책 대화 방법을 회피하는 아이들에게 특히 도움이 되는 방법입니다.

국어를 잘 가르치는 방법 중 하나로 꼽히는 것이 바로 사고구술법입니다. 책을 잘 읽는 어른이 자신의 머릿속 생각을 말로 풀어 주는 방법이에요. 예를 들어, 글의 내용이 무엇인지 알게 하고 싶을 때 글의 내용이 무엇인지 단순히 물어보거나 답을 알려 주는 방식이 아니라, 가르치는 사람이 어떤 과정을 통해서 글의 내용을 파악했는지를 말로 설명해 주는 것이지요. 어렵게 느껴지신다고요? 맞아요. 우리는 평소에 생각을 말로 해 본 적이 없고, 글의 내용은 그냥 읽으면 자동으로 파악된다고 생각해 왔기 때문에 당연한 일이에요.

그래서 이 책에서는 스스로 묻고 답하는, 나의 머릿속 생각을 좀더 쉽게 보여 줄 수 있는 방법을 추천합니다. 육하원칙에 맞춰서 '자문자답'하다 보면, 내용을 파악하는 과정뿐만 아니라 추론하는 과정까지 아이에게 보여 줄 수 있어요.

질문이 아닌 '리액션'에 집중하기

두 번째 방법은 아이의 말에 반응해 주는 거예요. 대화를 잘하고 싶다면 질문보다 리액션에 집중해 보세요. 아이가 자신의 말을 잘 들어주고 집중해 주는 부모님 덕분에 더 열심히 생각을 할 수 있고, 자신의 생각을 더 확장하는 데도 도움을 얻을 수 있어요.

위의 두 가지 방법을 적용한 대화를 보여드릴게요. 혹시 집에 《나는 개다》가 있다면, 같이 보면서 아래 대화를 읽어 주세요. 이해가 더욱 잘 될 거예요.

엄마: "(구슬이가 과자를 먹는 장면을 보며) 구슬이가 있네. **여기서 뭐 하고 있지?**"

아이: "(생각하고) 과자 먹어요."

엄마: "그러네. 동동이랑 과자 먹고 있네. (책장을 넘긴다.) '멸치깡은 언제 먹어도 참 맛나다. 그나저나 말이 나왔으니 말인데 (중략) 나도… 졸린다….' (침대를 가리키며) 여기가 어디지?"

아이: "(생각한다.) …."

엄마: "(2~3초 보다가) **아! 여기 동동이 방인가 봐.** (침대를 가리키며) **침대가 있으니까.**"

아이: "구슬이랑 동동이 침대에서 자고 있어요."

엄마: "그러게, 잠들었네. (하단의 구슬이가 똥 싸는 그림을 가리키며) 어머! 구슬이 좀 봐! 뭐하는 거야?"

아이: "똥!"

엄마: "똥 싸네! (아이가 웃는다면 같이 웃어 주세요.) '아… 아이고 배야… 아…아… 끙!'"

엄마: "(책장을 넘긴다.) '구슬이 이 녀석!' (화산 폭발 장면을 가리키며) 이건 누구인 것 같아?"

아이 : "(생각한다.) ···."

엄마 : "(2~3초 보다가) **음, 엄마 생각엔 아빠 같아. 안경 쓴 거 보니까. 아빠도 안경 썼잖아.** (앞쪽의 아빠 그림을 보여 주세요.) 그런데 아빠는 왜 이렇게 펑하고 터졌지?"

아이 : "아빠가 화났어요."

엄마 : "그러게! 화가 많이 나서 뻥 터졌나 봐. (혼잣말하듯) 그런데 왜 화났지?"

아이 : "구슬이가 침대에 똥 싸서?"

엄마 : "**맞네! 구슬이가 침대에 똥을 싸서 화가 났나 봐.**"

아이 : "나도 침대에 쉬해서 엄마가 이런 적 있어요."

엄마 : "아, 엄마가 그랬니? (웃음) 엄마가 뻥 터지지 말아야 했는데, 다음에는 화 안 내야겠다."

위의 진한 글씨 부분은 모두 읽어 주는 사람의 생각을 보여 주는 부분입니다. 나의 질문에 내가 스스로 대답하는 모습을 보여 주면서, 머릿속으로 자연스럽게 생각할 수 있는 기회도 주고 생각의 과정도 보여 주는 것이지요. 화산 폭발하는 장면이 아빠처럼 보이는 것이 우리에겐 당연하지만, 아이들에게는 추론이 필요합니다. 이러한 추론 과정도 읽어 주는 사람의 생각을 들려주면서 자연스럽게 익힐 수 있어요.

아이에게 주도권 넘기기

아이가 어느 정도 대화에 익숙해졌다면, 아이 스스로 책을 읽고 말하기 시작할 수 있습니다. 읽어 주는 사람의 질문이 없어도 아이가 책의 그림을 스스로 읽으며 자연스럽게 대화를 이어 갈 수 있다면 진정한 읽기 독립에 한 걸음 더 다가간 것이랍니다. 그러므로 아이가 대화를 시작할 수 있도록 천천히, 글자만 읽고 책장을 넘기지 않고 그림을 볼 시간을 주면서 아이가 질문을 하거나 자기 생각을 말할 수 있도록 그림 읽기의 주도권을 넘겨 보세요.

혹시 아이가 글을 깨쳐서 읽을 줄 안다고 해도, 글자를 빨리 읽으면 "다음"이라고 말하면서 읽기를 재촉하기보다는 아이가 천천히 생각하도록 그림도 읽으며 질문도 하고, 이야기도 나눌 수 있게 해 주세요. 그것이 가능할 때 진정한 읽기 독립이 된 것이랍니다.

만약 얼른 끝까지 읽어 버리고 싶어 하는 아이라면, 아직은 부모 주도하의 연습이 필요합니다. 대개 부모님들은 얼른 읽어 버리고 싶어 하는 아이들의 마음은 생각하지 않고, 글자만 읽는 경우가 많거든요. 독서 중간에 충분히 추론할 수 있도록 천천히 읽게끔 지도해 주세요.

드라마가 마지막화까지 완결되지 않으면 못 보는 분들, 있으시지요? 결국 주인공이 어떻게 될지 너무 걱정된다거나, 결말이 해피엔딩이 아니면 보고 싶지 않은, 그런 불안감이 높은 분들이요. (제가 그렇습니다.) 아이들 중에서도 불안이 높은 경우, 결말이 어떨지 너무 긴장이 되어서 책에 집중을 못 할 수 있습니다. 결말을 알았을 때 긴장감이 줄어드는 아이라면, 끝까지 빠르게 읽고 나서 다시 앞으로 돌아가 추론적 사고를 하며 이야기를 나누는 것도 좋아요.

하루 한 권, 하루 10분 함께 책 읽기

생각하기 싫어하는 아이라면

지금까지 아이와 상호 작용하는 것의 중요성과 방법에 대해서 말씀드렸어요. 이렇게 아이와 이야기 나누기를 권하면, 많은 부모님들이 공감하며 바로 집에서 아이와 시도해 봅니다. 그러나 안타깝게도 이내 실망하며 저에게 되묻습니다. 아이들이 중간에 멈추고 이야기 나누기를 싫어한다는 거예요. 입장을 바꿔서 생각해 보면 당연한 일입니다. 부모님이 읽어 주시는 것을 편하게 듣고 있는 게 좋지, 생각하라고 하니까 귀찮고 싫지요. 특히 이전에 수동적으로 그저 내가 듣고 싶은 만큼 이야기를 들어 왔던 아이들은 더욱 싫어하겠지요. 이럴 땐 어떻게 해야 할까요?

기본적으로 앞서 이야기한 Only one(딱 한 권) 전략을 유념해야 해요. 하루 딱 한 권만 부모님이 주도하고, 나머지는 아이가 원하는 방법으로 읽어 주는 것입니다. 전략을 기억했다면, 이 한 권을 읽는 시간은 엄마(아빠)가 주도한다는 규칙을 아이에게 간단히 설명하고 시작하는 것이 한 가지 방법입니다. 특히 아이가 논리적으로 설득이 필요한 성격의 아이일 경우, "네가 생각하는 힘을 기르기 위해서 나와 이야기를 나누는 것이다. 이야기를 나눌수록 생각하는 힘이 생겨서 점점 똑똑해진다"는 식으로 설명해 주면 좋습니다.

모든 장면에서 이야기를 나누지 않는다

위와 같은 설명을 하기 전에 지금부터 이야기할 주의 사항을 지켜서 상호 작용을 시작해 보면 어떨까 합니다. 주의 사항은 간단합니다. '책의 모든 장면에서 이야기를 나누지는 않는다'라는 것입니다. 모든 장면에서 추론하도록 유도하며 이야기를 나누려고 하면 책 읽기 시간이 정말 재미없어집니다. 더구나 부모는 교사가 아니기 때문에 아무래도 질문하는 기술이 부족할 수밖에 없지요. 더 큰 문제는 교실에서는 선생님의 질문을 친구들과 분담하여 처리하지만, 집에서는 아이가 혼자 부모님의 질문을 모두 감당해야 하기 때문에 인지적 부담이 커집니다. 그렇기 때문에 책 한 권에 한두 장면 정도만 이야기를 나눈다고 생각하고, 미리 책을 읽어 보면서 어떤 장면에서 이야기를 할지 생각해 두는 편이 좋습니다. 책 읽기 과정에서 이야기를 나누기에 적절한 때를 추천하자면 다음과 같아요.

책을 읽으며 이야기 나누기에 적절한 때

1. 책을 읽기 전, 표지와 제목 살피기
 * 책의 내용이 무엇일지 예상하며 이야기 나누기

2. 책의 내용 중 주요 부분 한두 장면
 * 육하원칙에 맞게 이야기 나누기

3. 다 읽은 후, 서로의 생각 나누기
 * '가장 좋았던 장면'을 고르며 이야기 나누기

어떤 장면이 제일 좋았어?

제가 진행하는 모든 부모교육에서 강조하고, 제 아이와 책을 읽을 때도 꼭 지키는 항목은 3번 '다 읽은 후, 서로의 생각 나누기'입니다. 바빠서 혹은 아이가 오늘따라 집중하지 못해서 1, 2번은 못하게 되더라도 3번은 꼭 하라고 말씀드려요. 저도 그렇게 하고 있고요. 저 질문이 책을 읽고 아이의 생각을 듣고 싶을 때, 가장 좋은 질문 중의 하나라고 생각하기 때문입니다.

아이에게 "어땠어?"라고 물어보면 "재미있었어" 정도의 감상 그 이상을 듣기가 어렵습니다. 아이가 재미있었다고 단답형으로 대답하면, 독서교육을 조금 아는 부모일수록 포기하지 않고 질문을 계속 이어 갑니다. 책이 왜 재미있었는지, 재미있다는 말 말고는 다른 감정은 없는지 이것저것 묻는 것이지요. 그러다 보면 마치 취조하는 듯한 분위기가 형성되면서 아이는 높은 확률로 부모님과 이야기하기를 싫어하게 됩니다.

그러한 상황을 방지하려면, 우선 부모가 먼저 이야기하는 것이 중요합니다. 이렇게 말해 보세요. "너는 어디가 제일 좋았어? 한번 생각해 봐. 나부터 먼저 말해 볼게" 하고요. 그리고 마음에 들었던 장면을 펼쳐 이야기해 주세요. 그 장면을 보았을 때 감정이 어땠고, 왜 그런 생각이 들었는지요. 아이가 엄마 아빠처럼 멋지게 이야기할 수는 없겠지만, 부모님의 생각을 들은 것만으로도 충분히 가치 있는 시간이 될 것입니다. 한 달 정도 지나면, 아이가 스스로 자신의 좋았던 장면을 이야기해 주기도 하는 변화가 일어날 거예요.

단어로 말해도 괜찮아

이런 식으로 이야기를 나누다 보면 아이의 말이 너무 단순해서 속상할 수 있어요. 아이가 책을 보면서 아주 논리적으로 말하기를 바라는 마음도 이해가 갑니다. 그러나 생각을 말하는 경험과 타인(부모)의 생각을 듣는 경험이 중요한 것이기에 아이의 단답을 너무 걱정하지 않아도 됩니다. 또 아이의 취향에 따라, 감동적이라고 느낀 책에 대해서는 자신의 생각을 길게 말하고, 어떤 책은 그다지 재미가 없어서 짧게 이야기하고 끝낼 수도 있는 것이고요.

여러 날 상호 작용을 하고 부모님의 생각을 들려주어도 아이의 짧은 답변이 계속된다면, 다음과 같이 해 보세요. 우선 짧은 이야기라도 충분히 격려해 주는 것이 중요해요. "너는 이러이러하다고 생각했구나"와 같이 아이의 응답을 한 번 더 반복하면서요.

이때 아이의 응답을 '구체화'해 주면 더 좋아요. 예를 들어, 아이가 "이 장면이 재미있었어"라고 말하면 "뭐가 재미있었는데?", "왜 재미있었는데?"라고 묻기보다, 대답하기 편하도록 이야기를 이끌어 보세요. "아빠랑 신나게 읽은 칙칙폭폭이 재미있었던 거야?", "주인공이 신나게 도망가는 장면이 재미있었나?"와 같이 읽었던 내용에 대해 한 번 더 생각해 볼 수 있도록 하는 것이지요. 이러한 과정을 통해서 아이가 생각을 더 구체적으로 말할 수 있게 될 거예요.

글자 대신
그림 읽기

글 없는 그림책

요즘 글 없는 그림책이 정말 많이 나오고 있지요. 교육 방송에서 아이들의 문해력(문식성, 문해력 모두 'literacy'를 번역한 것입니다.)을 키우는 데 좋다며 소개하기도 하고요. 저는 개인적으로 글 없는 그림책 중에서 데이비드 위즈너의 《시간 상자》, 《이봐요, 까망 씨!》를 좋아합니다. 글 없는 그림책이니 유아들도 쉽게 볼 수 있을 것 같다고요? 저도 처음에는 그렇게 생각했었답니다.

글 없는 그림책은 말 그대로 글이 없습니다. 그렇기 때문에 책의 내용을 글로 전달하지 않고 오직 그림으로만 전달합니다. 그래서 글을 깨치지 못한 아이도 혼자 읽을 수 있지요. 앞서 말한 것처럼 글 없는 그림책은 글이 없기 때문에 문자 해독 과정을 거칠 필요가 없어요. 그러니 이해하기에 쉬울 것 같아 보입니다. 그러나 오히려 글이 주는 명확한 정보가 없기 때문에 매우 꼼꼼하게 그림을 읽어야 내용을 파악할 수 있지요. 독자는 그림책의 그림을 열심히 읽으며 이야기를 만들어야 겨우 내용을 이해할 수 있답니다.

그림을 읽어야 하는 이유

이미 성인인데다 저처럼 독서를 글자 읽기로 생각해 온 부모들에게 글 없는 그림책은 매우 난감한 존재입니다. 글 없는 그림책을 아이와 어떻게 읽어야 할지 감이 오질 않는다고들 하지요. 특히 책을 읽어 줄 때 그림책의 글자를 중심으로 읽어 주는 습관을 유지해 왔다면 더욱 그럴 거예요. 솔직히 저도 처음 글 없는 그림책을 만났을 때, 도대체 이 책을 어떻게 읽어 주어야 할지 참 어렵더라고요. 이미 문자 읽기를 중심으로 진행하는 익숙한 독서 방법 때문에, 책을 읽어 준다는 것을 글을 읽어 주는 것과 동일시하기 때문입니다.

글자도 없는데 독서와는 무슨 상관이며, 도대체 글 없는 그림책을 왜 읽어야 할까요? 그 이유야 정말 많지만, 그중에 세 가지를 이야기해 보겠습니다.

첫째, 문자에 얽매이지 않는 책 읽기를 하도록 유도하기 위해서입니다. 요즘 사람들이 읽는 수많은 글들은 사실 글로만 이루어진 경우가 드물어요. 그림, 글, 영상, 소리 등 다양한 '양식'들이 모여서 하나의 글을 이루고 있답니다. 예를 한 가지 들어 볼게요. 이번 주말, 아이와 함께 여행을 가기 위해 정보를 검색한다고 생각해 보세요. 지금 한번 여행지를 검색해 봐도 좋습니다. 여행 블로그의 글을 열었다고 상상해 보면, 우리의 눈이 글자만 읽고 있을까요? 아니지요. 사진, 글, 그림, 영상 등 다양한 정보를 골고루 보고 있을 거예요. 여행지 사진도 보고, 여행지의 위치가 나오는 그림 지도도 보고, 현장의 멋진 풍경을 찍은 영상도 보게 됩니다. 이렇게 요즘은 글을 한 편 다 읽었다고 말하려면 글자만 읽어서는 안 되는 시대가 되었지요. 이러한 글의 종류를 복합양식 텍스트, 이러한 글 읽기 능력을 복합양식 문식성Multimodal literacy이라고 합니다.

이러한 시대적 변화에 따라서 전 세계적인 독서 평가인 국제학업성취도평가PISA에서도 전격적으로 온라인 읽기 평가를 도입하고 있어요. 온라인 읽기 평가 문항을 살펴보면, 대부분 글과 그림(사진)으로 이루어져 있답니다. 멀리 갈 것 없이, 우리나라 수능의 국어 문항도 그림(사진)과 표가 상당히 많아져서 그것들을 읽어내지 못하면 내용 이해가 어렵게 구성되고 있어요. 이런 상황에서 아이들이 어렸을 때부터 그림책을 통해 그림 읽기를 연습할 수 있다면 정말 좋겠지요? 문자에 얽매이지 않는 책 읽기를 하도록 유도하는 거예요.

둘째, 말하기 능력을 키워 주기 때문입니다. 부모님이 읽어 주는데에만 의존하지 않고 아이 스스로 이야기를 구성할 수 있어서, 일반 그림책을 읽을 때보다 아이의 발화량이 월등하게 많아져요.

셋째, 가장 중요한 점이지요. 이야기 이해 능력을 길러 준다는 점입니다. 이야기 구조와 줄거리 이해를 위해 문자에 의존하지 않고, 자신의 이야기 구성 능력을 최대한 발휘해야 하기 때문에 이야기 이해 능력을 기르는 데 무척 도움이 됩니다.

그림은 어떻게 읽어야 할까?

그림 읽기도 가르치고 배워야 더 잘할 수 있어요. 그림 읽기에서 뭘 가르칠 것이 있을까 싶으실 거예요. 하지만 막상 부모님들께서 글 없는 그림책을 읽어 보시면, 왜 그림 읽기를 배워야 하는지 알게 되실 겁니다. 앞에서도 이야기했지만 문자 중심으로 책을 읽어 온 성인에게는 글 없는 그림책이 생각보다 어렵거든요.

아이와 함께 글 없는 그림책을 읽을 때, 한 장면 한 장면 그림을 이해하기 위해 노력하는 것도 좋지만 일단 이해가 잘 되지 않더라도 끝까지 훑어 보고 다시 읽는 것도 좋은 방법입니다. 이야기의 흐름을 이해하기 위해서지요. 아이와 함께 그림을 보면서 인물(누가 나왔는지), 사건(어떤 일이 일어났는지, 다음에는 어떤 일이 벌어질지)에 대해 함께 대화를 나누면 이야기의 흐름을 이해할 수 있어요. 가장 좋은 방법은 조금 번거롭지만, 읽어 주는 사람이 먼저 이 그림책을 꼼꼼하게 읽고 작가가 만들어 놓은 이야기의 흐름 안에서 인물들의 대화와 생각을 추론할 수 있도록 아이의 읽기를 가이드하는 거예요. 글 없는 그림책으로 아이와 함께 다양한 대화를 나누어 보세요.

그림을 읽는 방법은 여러가지 이론으로 설명할 수 있어요. 하지만 이 책에서는 예시를 통해서 간단히 이야기를 나누어 보려고 합니다. 예를 들어, 다음 그림을 엄마와 아이와 함께 읽는다고 가정한 대화입니다.

엄마: "여기에 누가 나왔지? 아, 엄마인 것 같아."

아이: "또 여기! 아가도 있어요."

엄마: "그러네. 아기도 있고. 엄마랑 아기가 뭐 하고 있나 보자."

아이: "같이 밥을 먹는다? (잘 모르겠다는 듯한 반응)"

엄마: "그러네. 식탁에 앉아 있으니까 밥 먹으려고 하나 보다. 그런데 엄마는 숟가락도 안 들고 밥을 제대로 못 먹는 것 같아."

아이: "아기 밥 먹여 줘요! 엄마는 밥 못 먹고."

엄마: "그러게. 집이 다 어질러져 있고, 엄마가 힘들겠다."

아이: "왜요?"

엄마: "정신없이 어질러진 집을 엄마가 치워야 하니까?"

아이: "아…. 치워야 해요?"

엄마: "그러게. (웃으며) 뭐, 밥 먹을 때는 안 치워도 되겠지? (손가락으로 그림책의 안방을 가리키며) 이 집은 왜 이렇게 어질러졌을까?"

아이: "아기가 어질러서?"

엄마: "그런가 보다. 아기는 기분이 어때 보여?"

아이: "(모르겠다는 듯) 음…."

엄마: "(엄마도 같이 생각하는 듯한 느낌을 주며) 아기는 밥이 맛없나 봐. 먹기 싫은 것 같아 보이네."

아이: "저도 밥은 맛없어요. 초코 케이크!"

엄마: "맞아. 초코 케이크가 맛있지. 그럼 뒤에 아기가 밥 다 먹는지 볼까?"

이런 식으로 대화가 이어질 수 있어요. 이는 아이가 책을 수동적으로 읽지 않고 적극적으로 생각하면서 읽을 수 있도록 유도하는 방식의 대화 방법입니다. 그런데 여기서 한 가지 의문이 생길 거예요. "이런 식으로 하면 도대체 책 한 권을 언제 다 읽는 거지?" 하고요. 아주 좋은 질문입니다. 사실 모든 장면을 이런 방식으로 읽다가는 그림책을 끝까지 읽을 수가 없어요. 그래서 아이와 함께 그림책을 읽을 때는 한 두 장면 정도만 이렇게 읽으면 돼요. 그림 읽기를 할 장면을 미리 생각해 두면 더 좋답니다. 만약 미리 생각하지 못했다면, 표지 그림만이라도 이렇게 읽어 보세요. 아이의 성향 때문에 중간에 그림 읽기를 하기 어렵다면, 한 번 다 읽은 후에 아이와 함께 각자 마음에 들었던 장면을 하나씩 골라서 따로 이야기를 나누어도 좋습니다.

그렇게 어렵지 않지요? 이런 식으로 연습을 하다 보면 어느새 아이가 자연스럽게 엄마, 아빠처럼 그림 읽기를 하고 있을 거예요. 엄마가 읽어 주지 않아도 스스로 엄마에게 그림 읽기를 해 주는 모습을 보고 깜짝 놀랄 날이 멀지 않았습니다.

사전을 멀리하라

어휘력 향상의 핵심

"그게 뭐야?"

"무슨 말이야?"

유아기는 질문이 폭발하는 시기이지요. 아이들의 질문 세례에 부모님들은 "답해 주다가 지친다"라는 이야기를 많이 합니다. "그만 물어봤으면 좋겠다", "어떻게 단어 뜻을 알려 줘야 할지 모르겠다"라고 고민하는 부모님들도 많습니다. 그런데 어떤 아이들은 새로운 단어에 영 흥미가 없습니다. 알고 싶다는 의지도 크게 없어서 잘 물어보지도 않아요. 친숙한 것을 좋아하는 성향의 아이들은 기본적으로 새로운 것에 대한 흥미가 적기 때문에 질문도 많지 않습니다. 솔직히 이런 아이들은 질문이 많은 아이들보다 훨씬 더 부모의 마음을 불편하게 만들지요.

이러한 성향의 아이와 대화를 하다 보면, 평소 아이가 새로운 단어에도 크게 관심이 없고, 그러다 보니 어휘력이 상당히 약하다는 것이 느껴집니다. 독서교육 연구자들이 어휘력 향상의 핵심 요소를 '새로운 단어를 알고 싶어하는 열망'에 있다고 말할 정도로, 새로운 단어에 대한 호기심은 어휘력의 차이를 가지고 오는 중요한 요인입니다. 이 호기심은 타고난다는 게 문제일 뿐이지요.

하지만 한 가지 다행스러운 점이 있습니다. 단어의 뜻에 대한 질문이 많든 적든 없든, 또한 어휘에 대한 열망이 높든 낮든 공통적으로 독서가 어휘력 향상의 핵심이라는 것입니다. 많은 연구들이 아이들이 사전을 찾아본다거나, 단어를 설명해 놓은 단순한 뜻 카드를 사용해서 혼자 공부하는 것은 어휘력 향상에 크게 도움이 되지 않는다고 말하고 있어요. 부모교육 수업을 진행하다 보면 유아들에게도 사전을 스스로 찾아보게 한다는 이야기를 들을 때도 있는데, 그럴 때마다 조금 안타깝다는 생각이 듭니다. (물론 어린이 사전을 사 주시겠지만, 어린이 사전 또한 어휘력 향상에 그다지 도움이 되지 않는다고 해요.)

사전은 왜 도움이 되지 않을까?

사전은 기본적으로 뜻을 '정확하게' 쓰는 것을 목표로 합니다. 따라서 그 단어의 뜻을 정확하게 서술하기 위해 어려운 표현을 사용해도 상관없지요. 그러므로 사전이 반드시 뜻을 쉽게 설명해 주는 것은 아니며, 사전을 찾아도 뜻을 이해하지 못할 확률이 높아요. 그리고 유아들은 단어를 사전에서 찾는다고 해도, 그 단어가 사용되는 상황에 대한 이해가 생기지 않는다는 것도 문제랍니다.

유아기는 주변 사람들과의 상호 작용을 통해 어휘가 폭발적으로 성장하는 시기입니다. 주변 사람들과의 상호 작용 속에서 '어떠한 단어가 사용되는 상황'이 제공되지요. 호기심 많은 둘째를 둔, 제 친구네의 아침 모습을 예시로 볼게요.

어느 날 아침, 초등학교에 다니는 첫째가 배가 아프다고 이야기했어요. 엄마가 "많이 아프면 이따 선생님께 말씀드리고 조퇴하렴"이라고 말했어요. 그러자 같이 듣고 있던 둘째가 "엄마! 조퇴가 뭐야?"라고 묻습니다. 엄마는 "조퇴는 학교에서 빨리 나오는 거야"라고 말해 주었어요.

'조퇴'라는 말을 사전에서 찾아보면 '정해진 시간 전에 물러남'이라고 나옵니다. 아이 입장에서 아무 의미 없는 설명이지요. 아이의 입장에서 사전보다 엄마의 간단한 설명이 더 이해가 잘되는 이유는 언니가 아픈 상황과 조퇴를 연결하여 기억하기 때문입니다. 그리고 이렇게 정확한 상황에 정확한 단어를 쓰는 능력이 진정한 어휘력이에요. 이렇게 단어를 배운 아이는 "아프니까 집에 일찍 오는 거구나", "아프면 '조퇴'하는 거구나" 하고 상황에 맞게 단어를 쓸 수 있게 되니까요.

가장 중요한 것은 '상호 작용'

그러나 매번 이렇게 새로운 단어를 풍부하게 사용하는 상황이 오지는 않을 테고, 앞에서 이야기한 것처럼 아이가 단어의 뜻을 스스로 묻지 않는, 즉 '새로운 단어를 알고 싶은 열망'이 없는 아이일 수도 있겠지요? 이럴 때 독서가 답이 됩니다.

《이상한 엄마》의 앞부분에 아이가 아파서 조퇴하는 장면이 나와요. 아이가 책가방을 멘 채 혼자 비를 뚫고 걸어가는 모습이 그림으로 그려져 있지요. 그 장면을 보면서 아이와 함께 '조퇴'라는 단어가 어떤 의미인지 이야기를 나눌 수 있습니다.

"아이가 가방을 메고 혼자 집에 가네. 엄마가 누군가에게 집에 가 있어 달라고 부탁하는 것을 보니, 아이가 평소보다 집에 빨리 오는 거겠지? 이렇게 평소보다 학교에서 빨리 나오는 것을 조퇴라고 해."

이처럼 책을 통한 상호 작용을 거치면, 아이는 새로운 단어를 그림책에 주어진 상황과 연결하여 이해할 수 있게 됩니다. 이때 진정한 어휘력이 형성되지요.

사전이 무조건 쓸모없냐고요? 아니에요. 사전을 찾아보는 방법도 어휘력에 도움이 되기도 합니다. 그림 카드를 봐도 도움이 될 수 있어요. 다만, 그 상황에서 어른과의 상호 작용이 꼭 있어야 해요. 사전을 찾는 과정, 사전에 나오는 뜻을 같이 읽고 이야기를 나누는 과정에서 아이의 어휘력이 향상되는 것이지요. 어휘력 향상에는 상호 작용이 필수입니다.

독후 활동?
독서 전 활동!

경험을 통해 자라는 독서 능력

얼마 전, 아이와 함께 동물원에 다녀왔습니다. 저희 아이는 평소 동물원을 그다지 좋아하지 않아요. 아마도 시끄럽고 사람이 많은 데다가, 멀리 있는 동물을 집중해서 보아야 하니 흥미롭지 않았던 것 같습니다. 하지만 그날은 날씨가 너무 좋았고, 평일 오전이라 사람이 거의 없어서 아주 편안하게 쉬고 있는 동물을 조용히 관찰할 수 있었어요. 그래서인지 즐겁게 동물들의 행동에 대해 이야기를 나누었습니다. 그리고 다음 날, 관찰했던 동물들에 대한 책을 읽어 보는 시간을 가졌습니다.

독후 활동을 강조하는 독서교육 실천가들이 많습니다. 동물원에 가기 전에 동물에 대한 책을 읽고 동물을 보러 가면 좋다고 이야기하는 식이지요. 사실 그 말은 반은 맞고 반은 틀린 말입니다. 책으로 미리 지식을 배운 뒤에, 실제를 경험하면 더 많은 것을 볼 수 있어서 좋을 수 있어요. 아는 만큼 보인다는 말도 있으니까요. 그런데 그 말이 모든 아이들에게 맞는 말일까요? 저는 조심스럽게 그렇지 않다고 말하고 싶습니다. 책에 대한 관심이 적고, 읽기 능력이 부족한 아이들이라면 특히 그렇습니다. 책도 아는 만큼 이해가 되거든요. 오히려 경험으로 관심을 갖게 된 주제에 대해 책을 읽으면 더 재미있는 독서를 할 수 있습니다.

위의 두 가지 관점은 모두 '인지 이론'과 관련이 있어요. 기존의 지식이나 생각의 틀이 다음 것을 배울 때 영향을 준다는 이론입니다. 먼저, 많은 사람들이 말하는 독후 활동, 책을 읽은 다음에 관련 활동을 하는 경우를 생각해 볼게요. 아이가 독서를 통해 동물에 대한 지식을 가지고 동물을 관찰하면 안 보이던 것들이 보이게 됩니다. 자신이 가지고 있는 배경지식을 실제 동물을 관찰하는 데 적용하는 것이지요. 예를 들어서 아이가 호랑이와 사자의 차이를 갈기의 유무로 알고 있었다고 생각해 볼까요? 동물원에 가기 전 독서를 통해 '호랑이는 갈기는 없지만 줄무늬가 있다'라는 사실을 알고 호랑이와 사자를 본다면 조금 더 정확하게 동물을 구분해서 이해할 수 있지요.

반대로 독서 전 활동으로 동물원에 다녀왔다고 생각해 볼게요. 책을 별로 좋아하지 않는 아이라고 해도, 독서 능력이 부족한 아이라고 해도 직접 보고 온 동물에 대해서는 관심이 있고 관찰한 점도 있을 거예요. 이때 아이와 함께 보고 온 동물에 대해 이야기를 나누면서, 책을 통해 경험을 더 구체화하며 지식을 쌓아갈 수 있어요. 동물원에서 찍어 온 사진을 같이 보면서 '어제 본 사자 중에 갈기가 없는 사자가 있었는데, 책을 보니 그게 암사자였네!'라고 생각한다든가, "원숭이는 정말 엉덩이가 빨간데 왜 빨갛지?" 하고 책을 함께 찾아볼 수도 있지요. 이러한 활동을 통해 배경지식과 책 읽기를 연결하는 능력이 자연스럽게 생겨난답니다.

독후 활동의 명과 암

온라인에서는 아이들과 함께 화려한 독후 활동을 하는 사진들을 쉽게 찾아볼 수 있습니다. 하지만 진심으로, 절대로 '나'와 비교하며 신경 쓸 필요는 없어요. 제 아이도 6세이지만, 저는 여태까지 이야기 나누기 외에는 특별한 독후 활동을 해 본 적이 없습니다. 부모님과 하는 독후 활동은 책에 대해 다양하게 충분히 이야기 나누는 것만으로도 충분합니다.

독후 활동을 과하게 강조하면 분명히 부작용이 있어요. 첫째, 독서를 좋아하지 않거나 독서 능력이 부족한 아이들은 책의 내용보다 독후 활동만 기억하기 쉽습니다. 예를 들어, 봄에 대한 책을 읽고 개나리를 그리는 활동을 했다고 생각해 볼게요. 아이에게 "오늘 뭐했지?"라고 물어보면 열 명 중 여덟 명은 "개나리 그렸어"라고 대답합니다. 하지만 사진을 보거나 실제로 밖에 나가 개나리를 그리고 나서, 봄에 대한 책을 읽으면 어떨까요? 개나리에 대해 설명하는 부분에 관심을 가지고 읽게 될 거예요.

둘째로, 독후 활동을 강조하다 보면 부모님도 오늘 무슨 책을 읽을지 고민하기보다 무슨 활동을 할지에 더 신경을 쓰게 됩니다. 아이와 함께 무슨 책을 읽고 어떤 이야기를 나눌지 더 생각해 보는 것이 훨씬 더 좋은 독서 활동을 위한 준비입니다.

무엇보다 '독후 활동'이라는 이름 아래 미술 활동, 글쓰기 활동을 하고 있지는 않은지 돌아볼 필요가 있습니다. 미술, 글쓰기 모두 중요한 활동이고 독서와 연계하기에도 좋습니다. 아이들도 미술과 글쓰기 모두 배워야 하지요. (그래서 특히 초등학교에서 독후 활동을 많이 하는 것입니다. 독서 활동이라기보다 통합 활동이에요.) 하지만 그런 활동은 명확하게 독서와 관련이 거의 없습니다. 독서 능력 신장과는 관련이 없다는 뜻입니다. 이런 활동을 통해 독서 능력을 길러 주려면 책의 내용을 활용해서 그리거나 글을 쓰도록 해 주어야 하고, 이는 상당한 수준의 교수 기술이 필요합니다.

특히 현재 아이의 독서 능력이 부족하거나 독서를 좋아하지 않는다면 과한 독후 활동은 피하는 것이 좋습니다. 아이와 함께 '독서' 자체를 제대로 하고 싶고, 아이의 독서 능력을 키워 주고 싶다면 독서 전 활동을 충분히 해 주는 것이 좋습니다. 읽을 책의 주제에 대한 관심과 흥미, 배경지식을 쌓은 후에 책 읽기로 들어가 보세요.

생각 말하기와 쓰기는 왜 시키는 걸까요?

독후감 쓰기와 구두 작문

이미 학교에 입학한 아이의 부모님이나, 급한 마음에 유아기부터 독서·논술 수업을 시키고 있는 부모님이라면 독서교육에서 독후감 쓰기를 시키는 이유가 무엇인지 궁금하실 거예요. 독후감 때문에 괴로웠던 학창 시절이 떠오를 수도 있고요. 가장 먼저 말씀드리고 싶은 것은 독후감 쓰기를 독서교육의 핵심으로 생각하지 않았으면 한다는 것입니다. 독후감 쓰기는 책을 활용한 쓰기 연습에 가깝답니다. 쓰기는 누구에게나 굉장히 힘든 활동이기 때문에 아이들이 좋아하기 어렵지요. 만약 지금 이 책을 재미있게 읽고 계신 분이라도, 이 책을 읽고 독후감을 써서 제출하라고 한다면 고개를

절레절레 저을 거예요. 아이들도 똑같이 너무나 힘들답니다. 쓰기는 고차원적 사고가 필요한 활동이기 때문이지요.

책을 즐겁게 읽어야 하는 유아~초등 저학년 시기에 빡빡한 독후감 쓰기 때문에 독서를 싫어하게 되면 정말 곤란한 문제입니다. 물론 읽기와 쓰기가 연계된 활동이지만, 독서에 대한 동기를 떨어뜨릴 수도 있지요. 그래서 독서교육 전공자로서 이른 시기부터 독후감을 쓰는 것에 대해서 조심스러운 입장입니다.

아이가 이미 책을 잘 읽고, 말을 잘하는 아이라면, 생각을 말로 해 보는 연습을 하면 좋습니다. 이 시기의 아이들은 자신의 생각을 곧장 글로 쓰는 것이 쉽지 않기 때문이지요. 그러니 먼저 부모와의 대화를 통해 '말로 글을 쓰듯' 정리하고, 그 말을 나중에 그대로 글로 옮기는 방법을 사용해 보는 것도 좋답니다. 글을 쓰듯 말하는 것을 작문교육에서 '구두 작문'이라고 부르는데, 글쓰기의 기초가 되기 때문에 매우 중요한 과정입니다. 이 과정을 충분히 연습한 아이들은 학교에서 글쓰기에 강한 모습을 보입니다.

선생님, 친구 대신 부모님과 함께

코로나19로 인해 원격 수업이 길어지던 때, 학부모들의 문의가 빗발치던 한 가지 주제가 있었습니다. 바로 생각 말하기, 생각 쓰기에 대한 것입니다.

교과서를 활용해 학습할 때, 생각해야 하는 부분이 있습니다. 바로 교과서는 '학교 수업 상황을 가정하고' 만들었다는 점이죠. 학교 수업 상황이라는 것은 선생님의 설명뿐만 아니라, 친구들의 다양한 의견을 듣고 나의 생각을 만들어 갈 수 있는 상황이라는 뜻입니다.

아이들은 기본적으로 자신의 생각을 말이나 글로 정리하는 것을 어려워합니다. 그렇기 때문에 국어과 교육과정은 끊임없이 다양한 방법으로 자신의 생각을 표현하도록 하고 있지요. 아이들이 어려워하는 '생각해서 쓰기'에 관한 내용이 왜 이렇게 많은지 이해가 안 된다고 이야기한 부모님들도 많았어요. 그 이유는 바로, 생각해서 쓰기를 아이들이 잘 못하기 때문이지요. 그래서 잘 할 수 있을 때까지 교육 내용으로 반복하여 가르치고 있는 것이랍니다.

교실 수업이라면 아이들은 동료 학습자들의 생각을 들으며 다양한 생각의 예시를 가지게 됩니다. 선생님과 동료 학습자들이 발표하는 생각 과정을 같이 공유하며 생각하는 방법도 알아가게 돼요. 온라인 수업에서는 이러한 과정이 없어진 것이나 다름없는 상황이었기 때문에 아이들에게 국어가 특히 어려울 수밖에 없습니다.

그러면 어떻게 도와줘야 할까요? 도와주는 방법이 쉽지 않습니다. 왜냐하면 부모님이 친구들의 역할을 해 주어야 하기 때문이죠. 아이가 생각해서 쓰기를 어려워할 때는 우선 아이에게 엄마, 아빠의 생각을 많이 들려주세요. 엄마, 아빠가 문제를 보고 생각한 머릿속의 과정도 설명을 해 준 다음, 아이가 생각을 말로 해 볼 수 있게 도와주세요. 이후 말로 한 답을 글로 바꾸도록 도와주는 순서로 천천히 접근해 주세요.

아직 학교에 다니지 않는 어린아이를 키우고 있다면, '초등학생의 부모가 되면 이런 것이 어렵구나' 하고 미리 알게 되어 좋으실 거예요. 앞에서 제가 반복하여 권한 것처럼, 하루에 한 권씩 아이와 함께 책을 읽을 때 부모님의 생각을 자주 들려줄 수 있으면 정말 좋겠습니다.

독서 능력의 정체

지금까지 이 책을 읽으면서, '도대체 독서 능력이 뭐지?'라고 생각한 분이 있다면 박수를 쳐 드리고 싶습니다. 독서 능력의 정체를 알아야 더 잘 가르칠 수 있을 테니, 핵심을 간파하신 거예요. 최대한 간단하게 이야기하면, 독서 능력이란 '글을 읽고 이해하는 능력'으로, 중요한 내용을 파악하고, 숨겨진 내용을 추론하고, 글의 내용을 비판하고, 읽은 글을 토대로 창의적으로 생각하는 것까지를 모두 포함합니다.

독서 능력을 구성하는 요인들은 이 책에서 간단히 언급한 한글 학습, 유창하게 읽기, 배경지식의 풍부함, 추론 능력뿐만 아니라 비

판적으로 읽을 수 있는 능력, 메타인지를 활용한 독서의 점검과 조절, 독서 동기 등 아주 다양하답니다. 육아서에서 이러한 내용을 모두 다루는 것은 불가능하기 때문에 이 책에서는 상대적으로 생소하지만 독서를 하기 위해 필수불가결한 능력인 '추론'을 강조하면서 다른 것들은 살짝 언급하는 수준으로 다루었어요.

영유아기에 부모님과 책 대화를 많이 한 아이들이라도, 초등 저학년에는 한글만 배우고 온 아이들과 크게 차이가 없어 보일 수 있습니다. 하지만 다양한 연구에 따르면, 초등 중학년 이후의 독해 능력에서 차이를 보이기 시작한다고 하니 이 책에 나온 자문자답과 리액션 방법을 활용해서 추론 능력을 키울 수 있도록 많은 대화를 나누어 보세요.

독서를 해야 하는 이유

독서를 해야 하는 이유가 무엇인지 생각해 본 적 있나요? 많은 육아서들이 독서는 '별다른 이유 없이 그냥 당연히 해야 하는 것'으로 가정하고 서술합니다. 혹은 독서를 통해 좋은 성적을 받을 수 있고, 좋은 대학에 갈 수 있다고 하거나, 지식을 쌓을 수 있기 때문이라고 이야기합니다. 물론 모두 틀린 말은 아니에요. 그러나 좋은 성적을 받는 것은 학원을 다니거나 문제집을 푸는 활동을 통해서도 가능하고, 지식을 쌓는 것은 유튜브를 보는 것으로도 가능합니다. 그러니 아이들에게 "책은 당연히 읽어야 하는 거야!"라고 말하는 것이 그다지 마음에 와닿지 않을 테지요. 그리고 솔직하게 말해서, 지금 이 책을 읽는 부모님들도 독서가 꼭 필요하다고 생각하지 않으실 수 있어요. 당연합니다. 시대가 변했으니까요.

제가 20년 가까이 독서교육을 공부하면서 느낀, 인간이 독서를 해야 하는 가장 중요한 이유는 '생각하는 방법'을 배울 수 있는 가장 효과적인 수단이기 때문입니다. 이 책을 여기까지 읽은 분이라면 이 책이 아이에게 지속적으로 생각하는 방법을 알려 주기 위해, 생각하는 힘을 길러 주기 위해 분투하는 이야기이자 부모님들께 함께하자고 설득하는 이야기임을 느끼셨을 거라고 생각해요.

세상을 살아가면서 어떤 일을 하든 상관없이, 또 시대가 변하여 예상하지 못한 모양으로 나아가더라도 '생각하기'는 인간만이 가진 능력이기에 아이에게 큰 힘이 될 것입니다. 가깝게는 학교 공부나 입시부터 멀리는 그 아이가 직업인으로 살아가게 될 때, 생각하는 힘은 꼭 필요합니다. 더 나이가 들어 아이를 키우거나 가정을 이루고, 삶의 여유를 즐길 노년이 될 때까지도 생각하는 힘이 필요하지 않은 시기는 없습니다.

생각하는 방법, 생각하는 힘에 대하여 사람들은 간단하게 '사고력'이라고 말을 합니다. 사고력이라고 하면 너무나 추상적으로 느껴지지요? 이 책에서 반복해서 이야기하고 있는 것처럼, 독서 방법을 배운 아이들은 사고 방법을 배운 것입니다. 생각하는 방법을 배운 아이들은 생각하는 힘을 가졌다고 할 수 있어요. 매일 한 권의 책을 통해 부모님의 생각하는 방법을 익힌 아이들은 새로운 책을 만났을 때도, 새로운 문제 상황에 부딪혔을 때도 당황하지 않을 수 있어요. 이것이 바로 생각하는 방법을 아이들에게 지속적으로 보여 주고, 아이가 생각할 수 있도록 도와주어야 하는 이유입니다.

우리 주변에는 책을 읽지 않고도 잘 먹고 잘 사는 사람들이 많습니다. 독서와 상관없이 타고나길 생각하는 힘이 좋은 사람들도 있어요. 그런 차이는 타고난 신체 능력의 차이와 같으니 어쩔 수 없는 일이라고 덮어놓을 수만은 없습니다. 생각하는 힘이 약한 사람일수록 독서를 통한 연습이 그 사람이 가진 작은 능력을 크게 사용하게 해 준다는 것을, 그 한계를 뛰어넘게 해 줄 수도 있다는 것을 믿어주셨으면 합니다. 그렇게 이 책을 읽고 계신 분들이 '집에서 할 수 있는 최고의 독서교육은 책을 통해 서로의 생각을 나누는 것'임을 기억하고, 사랑하는 아이와 함께 꾸준히 해 나갈 수 있기를 진심으로 기도합니다.

아이와 함께 읽기 좋은 도서 목록 50

*본문에서 언급한 책을 포함하고 있습니다.
*추천 연령은 오해의 소지가 있을 수 있어 표기하지 않았습니다. 목록을 보실 때, 앞 번호일수록 상대적으로 쉽고 뒤로 갈수록 상대적으로 어렵다고 생각해 주세요. 아이마다 느끼는 어려움이 다를 수 있어요.

	제목	추천 포인트 + 추천 활동	저자	출판사
1	달님 안녕	첫 그림책으로 추천. 달님의 표정을 따라하며 읽어 보세요.	하야시 아키코 글·그림	한림출판사
2	사과가 쿵!	첫 그림책으로 추천. 동물들이 사과를 먹을 때 내는 소리들을 리듬감 있게 읽어 보세요.	다다 히로시 글·그림	보림
3	사랑해 사랑해 사랑해	첫 그림책으로 추천. 책에 '사랑해'가 나올 때마다 뽀뽀를 해 주며 읽어 보세요.	버나뎃 로제티 슈스탁 글, 캐롤라인 제인 처치 그림	보물창고
4	냠냠냠 쪽쪽쪽	첫 그림책으로 추천. 책에 나온 과일들을 오감으로 느낀 후에 읽어 보세요.	문승연 글·그림	길벗어린이
5	세밀화로 그린 보리 아기 그림책 (전집)	아이의 사물 인지를 키워 주기에 딱! 너무 설명하려고 하지 말고 아이와 함께 그림을 읽어 보세요.	보리 편집부	보리
6	곰 사냥을 떠나자	곰 사냥을 떠난 가족을 흉내 내며 몸을 움직이며 읽어 보세요.	마이클 로젠 글, 헬린 옥슨버리 그림	시공주니어

7	수박이 데구루루	아이 손을 잡고 손가락으로 점선을 따라 도형을 그리며 읽어 보세요.	박혜수 글, 이준우 그림	금동이책
8	발레가 좋아	발레 동작을 따라 하면서 읽어 보세요.	피터 시스 글·그림	시공주니어
9	소방차가 되었어	숫자를 너무 의식적으로 가르치지 마세요. 자연스럽게 수 세기를 해 보세요.	피터 시스 글·그림	시공주니어
10	바빠요, 바빠!	자동차를 좋아하는 아이에게 추천! 의성어, 의태어에 맞추어 몸을 움직이며 읽어 보세요.	이정빈 글·그림	이야기꽃
11	안 돼, 데이비드!	"안 돼, 데이비드!"를 아이와 함께 외쳐 보세요.	데이비드 섀넌 글·그림	주니어 김영사
12	내가 좋아하는 것	책을 다 읽고 난 후, 아이는 무엇을 좋아하는지 이야기를 나누어 보세요.	앤서니 브라운 글·그림	웅진주니어
13	달님이 본 것은?	책을 다 읽고 난 후, 책을 보며 반대말 놀이를 해 보세요.	브라이언 와일드 스미스 글·그림	보림
14	빨강 파랑 강아지 공	글이 없는 그림책이에요. 그림을 보며 인물의 말을 상상하도록 도와주세요.	크리스 라쉬카 글·그림	지양어린이
15	로지의 산책	그림을 읽어야 재미있어요! 로지 목소리인 글의 내용은 평화롭게 읽으면서, 아이가 여우의 모습을 볼 수 있게 유도해 보세요.	팻 허친스 글·그림	봄볕
16	길로 길로 가다가	그림 속 인물들의 표정을 읽어 보세요. '길로 길로 가다가' 노래 가사를 마음껏 바꾸며 상상력을 발휘해 보세요.	권정생 글, 한병호 그림	한울림 어린이

17	브루노 무나리의 동물원	동물원의 안내자, 나비를 찾아 보세요. 아이가 좋아하는 동물을 마음껏 보게 해 주세요.	브루노 무나리 글·그림	비룡소
18	엄마, 난 도망갈 거야	그림 속에 숨어 있는 아기 토끼를 찾아 보세요.	마거릿 와이즈 브라운 글, 클레 먼트 허드 그림	보물창고
19	노란 장화	그림 속에 숨어 있는 노란 장화를 찾아 보세요.	허정윤 글, 정진호 그림	반달 (킨더랜드)
20	나는 개다	살아 있는 듯한 인물들의 매력. 구슬이 엄마, 동동이 아빠, 할머니 의 마음도 생각해 보세요.	백희나 글·그림	책읽는곰
21	할머니가 네모 빵을 구웠대!	"또 잘라?"라는 말이 나오는 그림책이에요. 반복의 재미가 있 어요. 책을 읽으면서 실제 네모 빵을 잘라 보아도 좋아요.	와타나베 데츠 타 글, 미나미 신보 그림	천개의바람
22	판다 목욕탕	판다들의 비밀을 찾아 보아요. 목욕탕의 소품들도 꼼꼼하게 읽어 보세요.	투페라 투페라 글·그림	노란우산
23	된장찌개	된장찌개 재료들의 유쾌한 만남! '온천'의 개념을 이해하고 읽으면 좋아요.	천미진 글, 강은옥 그림	키즈엠
24	요셉의 작고 낡은 오버 코트가…?	요셉의 코트가 어떻게 변신할지 다음 장을 상상하며 읽어 보세요.	심스 태백 글·그림	베틀북
25	사자와 생쥐	글 없는 그림책이에요. 사자와 생쥐의 대화를 상상하며 읽어 보세요.	제리 핑크니 글·그림	별천지 (열린책들)
26	민들레는 민들레	민들레가 어디에 피었는지, 그림을 꼼꼼하게 읽어 보세요.	김장성 글, 오현경 그림	이야기꽃

27	비둘기에게 버스 운전은 맡기지 마세요!	아이가 비둘기에게 "안 돼!"를 외치도록 유도해 보세요. 자연스럽게 책 읽기에 참여할 수 있어요.	모 윌렘스 글·그림	살림어린이
28	달 샤베트	더운 여름, 달 샤베트를 먹는 느낌을 상상하며 읽어 보세요.	백희나 글·그림	책읽는곰
29	생각하는 ㄱㄴㄷ	한글 학습에 도움이 되는 그림책. 숨어 있는 글자를 찾아 보세요.	이지원 기획, 이보나 흐미엘레프스카 그림	논장
30	괴물들이 사는 나라	아이와 함께 괴물과 맥스가 되어 몸을 움직이며 신나게 놀아 봐요.	모리스 샌닥 글·그림	시공주니어
31	가나다는 맛있다	한글 학습에 도움이 되는 책. 말소리를 따라 읽게 유도해 보세요.	우지영 글, 김은재 그림	책읽는곰
32	모모와 토토	모모와 토토를 나타내는 색을 찾아보세요. 나는 어떤 색으로 표현하면 좋을지도 이야기 나누어 봐요.	김슬기 글·그림	보림
33	이슬이의 첫 심부름	그림에 표현된 이슬이의 표정 변화를 읽어 보세요.	쓰쓰이 요리코 글, 하야시 아키코 그림	한림출판사
34	이파라파 냐무냐무	이야기의 반전을 들키지 않도록 주의해서 읽어 주세요.	이지은 글·그림	사계절
35	모모모모모	쌀을 키우는 과정을 재미있는 글과 그림을 통해 이야기 나누어 보세요.	밤코 글·그림	향
36	고구마구마	'구마'로 끝나는 말놀이를 해 보세요.	사이다 글·그림	반달 (킨더랜드)
37	별 낚시	포근한 꿈을 꾸게 하고 싶은 밤에 함께 읽어 보세요.	김상근 글·그림	사계절

38	치과 의사 드소토 선생님	드소토 선생님 부부와 여우가 어떻게 될지 중간에 이야기를 끊고 상상해 보세요.	윌리엄 스타이그 글·그림	비룡소
39	할머니의 여름휴가	그림을 꼼꼼하게 읽으면 재미 두 배! 할머니 집, 바닷가 기념품 점 등 그림을 자세히 읽어 보세요.	안녕달 글·그림	창비
40	당근 유치원	그림을 꼼꼼하게 읽으면 재미 두 배! 그림을 자세히 보면서 유치원 친구들, 선생님의 특징을 찾아 보세요.	안녕달 글·그림	창비
41	커다란 크리스마스 트리가 있었는데	크리스마스 시즌에 읽기 좋은 책. 반복되는 크리스마스 트리 자르기의 재미를 느껴 보세요.	로버트 배리 글·그림	길벗어린이
42	곰이 강을 따라갔을 때	그림책의 앞 면지와 뒤 면지의 그림을 비교해 보세요. (면지: 표지와 본문이 붙어 있는 부분)	리처드 T. 모리스 글, 르웬 팜 그림	소원나무
43	펭귄 호텔	펭귄 호텔의 손님들은 각각 특징 이 있어요. 그림을 보면서 어떤 특징이 있는지 찾아 보세요.	우시쿠보 료타 글·그림	주니어RHK
44	산타 할머니	산타 할머니가 어렵게 산타가 되어 처음으로 선물을 전하게 되었을 때 어떤 기분이었을까 이야기 나누어 보세요.	진수경 글·그림	봄개울
45	아빠 자판기	자판기에서 원하는 아빠를 뽑을 수 있다는 즐거움! 나라면 어떤 아빠를 뽑고 싶은지 이야기해 보세요. 자판기를 만들어 봐도 좋아요.	조경희 글·그림	노란돼지

46	세계의 빵 도감	빵을 좋아하는 아이라면 추천! 빵을 먹거나 만들면서 읽어도 좋아요. 빵 이름과 설명을 다 읽어 주려고 하지 말고, 아이가 관심 있어 하는 부분 중심으로 읽어 보세요.	오모리 히로코 글·그림	길벗스쿨
47	용기를 내, 비닐장갑!	표지를 보면서 비닐장갑의 성격을 미리 추론해 보세요.	유설화 글·그림	책읽는곰
48	나도 투표했어!	선거 기간에 읽으면 좋은 책이에 요. 선거에 대해 아주 쉽게 설명 되어 있어요. 나는 어떤 사람을 뽑고 싶은지 이야기해 보아도 좋아요.	마크 슐먼 글, 세르주 블로크 그림	토토북
49	튤립	튤립의 성장 과정과 특징을 알 수 있어요. 튤립을 키우면서 읽어도 좋아요.	아라이 마키 글·그림	크레용 하우스
50	아기 돼지 세 마리	글과 그림의 불일치에서 재미를 느낄 수 있어요. 부모님이 먼저 그림책을 읽어 보고, 돼지가 밖으로 나오는 부분에서 그림을 잘 볼 수 있도록 유도해 주세요.	데이비드 위즈너 글·그림	마루벌

문해력을 키우는 책육아의 힘

1판 1쇄 인쇄 2022년 12월 5일
1판 1쇄 발행 2022년 12월 10일

지은이 권이은
펴낸이 이윤규

펴낸곳 유아이북스
출판등록 2012년 4월 2일
주소 (우) 04317 서울시 용산구 효창원로 64길 6
전화 (02) 704-2521
팩스 (02) 715-3536
이메일 uibooks@uibooks.co.kr

ISBN 979-11-6322-083-1 03370
값 16,800원